人际沟通

RENJI GOUTONG

主　编：周璇璇　张　彦
副主编：林平良

厦门大学出版社
XIAMEN UNIVERSITY PRESS
国家一级出版社
全国百佳图书出版单位

图书在版编目(CIP)数据

人际沟通/周璇璇,张彦主编. —厦门:厦门大学出版社,2015.9(2019.1 重印)
ISBN 978-7-5615-5704-4

Ⅰ.①人… Ⅱ.①周…②张… Ⅲ.①人际关系学-高等职业教育-教材 Ⅳ.①C912.1

中国版本图书馆 CIP 数据核字(2015)第 187975 号

官方合作网络销售商:

厦门大学出版社出版发行

(地址:厦门市软件园二期望海路 39 号　邮编:361008)

总 编 办 电话:0592-2182177　　传真:0592-2181406
营销中心电话:0592-2184458　　传真:0592-2181365

网址:http://www.xmupress.com

邮箱:xmup @ xmupress.com

厦门市万美兴印刷设计有限公司

2015 年 9 月第 1 版　2019 年 1 月第 3 次印刷
开本:787×1092　1/16　印张:10
字数:232 千字　印数:5 001~7 000 册
定价:24.00 元

本书如有印装质量问题请直接寄承印厂调换

序 言

现代社会,竞争激烈,变化迅猛,作为一个成功的现代人,不但要有较好的智商、情商及挫商,还需具备良好的人际关系与有效的沟通技能,才能在社会与事业上立于不败之地。

戴尔·卡耐基是美国著名成人教育家,也是世界卡耐基教育培训机构的创始人。他经过大量的研究发现:"一个人事业上的成功,只有百分之十五是他的专业,而百分之八十五是他的人际关系及处世沟通的技巧。"社会心理学的调查研究也表明,良好的人际关系是一个人心理正常发展,个性保持健康和生活具有幸福感的重要条件之一。

习近平同志就善于沟通及演讲,有专家总结他的演讲有三大特点:首先是他沟通或演讲中有一种说"大白话"的特点。大白话的优点是通俗易懂易记,运用得当往往会引来轰动效应。第二个特点,就是带有足够的感情色彩。他在富有哲理的论述中往往会穿插一些充满了浓郁的人情和友情的故事。第三个特点,就是具有浓厚的人文精神和丰富的文化内涵。

沟通并不是一种本能,而是一种能力或技能。也就是说,沟通不是与生俱来的天赋,而是在社会实践中可以培养与训练出来的,就像学习开车、厨艺、游泳等技能一样。戴尔·卡耐基在《沟通的艺术》中告诉我们:人际交往是有技巧的,沟通技能是可以训练的。

在训练过程中,一本好的教材起到至关重要的作用。教材的编写应该理论联系实际,注重培养学生分析问题和解决问题的能力;教材内容要以学生为本,要有明确的教学目标,要注意总结教学经验,善于提出有创意、有针对性的教学方法,不应该局限于理论知识的堆砌,同时,教材也不是学术专著,不应该以深奥晦涩的语言面目示人,而应该深入浅出、通俗易懂、生动活泼,便于理解和学习,给人一种亲切感。

本教材是在福建省漳州职业技术学院人文社科与艺术系主任周璇璇副教授和张彦讲师2008年出版的《实用社交口才》一书的基础上修订而成。在八年的管理和教学工作中,特别是在课堂教学第一线,她们积累了丰富的教学经验。今天,她们把自己的教学实践总结、提炼修订了《人际沟通》教材分享给广大读者。

本教材既适合本科、大中专教学用书,也适合企事业单位培训和社会人员通读。这是一本深入浅出、案例丰富、实战性很强的教材。它不仅能告诉学生学习什么,而且能指导学生如何学更高效。教材分为十个学习项目,涵盖了人际沟通所需的基本技能,每一个学习项目由"项目介绍""学习目标""学习导入""学习准备""学习行动""学习评估""延伸思考""补充案例"八个模块组成,形成了一个严谨完整的教学体系。教师提出学习任务,引导学生带着问题学习知识并完成行动任务,在完成任务后师生共同进行学习评估,使学生更明确学习效果,并能在课外自我完善、自我加强。这种教学思路有利于提高学生的学习兴趣、巩固学习成果,提升职业素质和社会生存能力。这样的教材真正体现了以学生为本的教学理念。

教材是步入知识殿堂的阶梯,为学生成长插上有力的翅膀。而现代人际沟通,不仅仅是一门科学,更是一种艺术,一种卓越的艺术。我们不仅仅要把它当作职业或人际上的需要或技巧,更应该把它当作一种有意义的事业来追求,让我们在《人际沟通》一书的帮助和指导下,坚持不懈,创造卓越人生。

林平良

于漳州 2015 年 7 月

致读者

亲爱的读者,首先恭喜您拥有这本优质的校企合作教材。本教材既是高职高专有关专业的专业教材,又是大中专院校文化素质课、基础课教材;同时可作为相关行业及企事业单位的培训教材,也可作为广大爱好者自学进修的读物。感谢您通过它来学习日常人际沟通的理论知识,锻炼、提高与人沟通的基本能力,满足您在人际交往、工作中沟通的基本需要。

人际沟通是人与人、人与组织交往中彼此交流思想、感情、传递信息的过程。它是人际交往不可或缺的主要形式。人际沟通知识和技能是社会人必须要熟练掌握的核心能力和工作技能。对个人而言,人际沟通能力的强弱直接影响到人际交往的成败,以至于影响个人职业生涯的发展,是一个人生存和发展的必备能力;对组织而言,良好的人际沟通能力才能保障工作团队的高效运作,达成预期工作目标;对社会而言,良好的人际沟通能力是促进整个社会和谐发展的必然因素。生活中没有沟通,就没有快乐人生;事业中没有沟通,就没有成功;工作中没有沟通,就没有了乐趣和机会;社会没有了沟通,就没有了和谐。

本教材是在编写团队2008年编写的《实用社交口才》基础上,又经过八年的教学实践的不断总结、提炼修订而成的。为将丰富的人际沟通知识和技能分享给大家,编写团队特别邀请企事业单位的相关专家一起探讨,科学分析了日常人际沟通过程的基本环节,按项目教学法把日常人际沟通环节的诸多要素细分为十个教学项目,每个项目由七个模块组成。按照行为导向教学法编写教材,使每个教学项目形成一套较为科学完整的教学模式和自学模式。同时,本教材引入大量浅显易懂、时效性强、生动有趣的沟通案例,并结合本编写团队十几年的教学经验,设计了行之有效的实训环节和评估环节,配合深入浅出的理论知识描述,充分体现了本教材的科学性、实用性、可发展性、趣味性等特点。

在本教材编写过程中,衷心感谢为教材编写工作做出努力的团队,主编周璇璇副教授,国家一级职业指导老师,全国职业核心能力测评师,在福建漳州职业技术学院人文社科与艺术系从事教学工作及管理工作近30年,长期担任人际沟通课程教学,并长期从事社会团体、企事业单位职业素质培训工作,积累了丰富的人际沟通实战经验和教学经验。周璇璇副教授在本教材编写中担任总策划、指导、审稿工作,并负责七个项目等编写工作。第二主编张彦,讲师,高级秘书证培训师,省级普通话测试员,在福建漳州职业技术学院人文社科与艺术系长期担任人际沟通课程教学,具有十多年的人际沟通教程教学经验,经常从事社会团体、企事业单位演讲、人际沟通的培训工作,她承担三个项目的编写。副主编林平良,资深培训师,中国诗歌学会会员,福建作家协会会员,已在海内外发表各类作品3000篇(首),并在全国征文活动中多次获奖;现为福建联通培训师、漳州联通培训中心主任、漳州市人力资源学会讲师,漳州职业技术学院秘书专业委员会委员,他承担前期策划、指导工作。

本教材能顺利出版,要感谢厦门大学出版社陈进才和江珏玙两位编辑的大力支持;感谢我们的同事唐秋根副教授的鼎力相助;同时也要感谢漳州职业技术学院人文社科系2014级文秘1班全体同学对本教材编写的支持。

由于时间仓促,加之作者水平所限,书中难免存在缺点和不妥之处,诚挚地希望专家、读者对本教材的不足之处提出批评指正,以便再版时修改。意见建议、索要教学资源请联系编写组 QQ 邮箱:411140633@qq.com。

衷心感谢您!

编写组
于漳州职业技术学院
2015 年 7 月

课程特点及教学实施建议

一、课程特点

1.以职业核心能力和个人可持续发展能力的培养引领、组织课程教学。我们在与企业专家、优秀毕业生的访谈中,共同探讨"专业与企业融通""企业与职业一体"的高职人才培养、课程体系构建和课程内容改革之后,对课程目标、课程内容进行重新梳理,突出人际沟通的综合实践的课程特征,针对职业工作能力和个人可持续发展能力的需求,以项目重构课程结构,以任务为主要学习方式,注重实际生活、工作与教学过程的互渗互融、整合理论与实践教学功能,让学生在"学中做""做中学",以实现理论和实践的"零距离"。

2.选取日常生活、工作中沟通基本技能作为课程的内容。本教材共分十个教学项目,第一个项目,主要探讨沟通的基本原则、注意点以及沟通前的心态调整;第二个项目至第十个项目,分别以学会倾听、学会拜访、学会接待、学会赞美、学会批评、学会说服、学会拒绝、学会问答、学会演讲为教学基本内容。这些内容基本能满足学生人际沟通要求,通过基本能力的学习和运用,学生能在日常生活、工作交流中举一反三,提高整体表达能力。

3.以行动导向驱动为主要教学形式。始终以"任务"贯穿教学,教材包括十个项目,每个项目包含"项目介绍""学习目标""学习导入""学习准备""学习行动""学习评估""延伸思考""补充案例"八个模块内容。通过八个模块的学习,让学生在讨论任务、分析任务、操作完成任务的过程中顺利建构起知识结构,发挥学生的主体作用和教师的引导作用,注重对学生分析问题、解决问题能力的培养,从完成某一方面的"任务"着手,通过引导学生完成"任务",实现教学目标。

4.在课程设计中突出实践环节。实践教学是巩固知识、提高能力、内化素质的重要途径。课程设计中以职业沟通能力训练为核心,突出对学生职业能力的训练,以理论教学为辅,实践教学为主,理论教学不求深不求全,"够用"就好。让学生在实践中锻炼、提高实际沟通能力,达到理实一体、学以致用。实践环节的安排、实施、评估,都围绕职业沟通能力来设计。

5.教材案例丰富、典型。本教材选取了上百个案例,内容涵盖日常交往、生活、工作等诸多方面的案例,能较好地满足学生的模仿和演练的实际需求。本教材不仅为课堂教学提供了大量的典型教案,同时为学生课后自学提供了补充案例,让学生在案例中体会人际沟通的精妙。

二、课程教学实施建议

1.总体课时安排:建议本课程的总课时为 50~72 课时,每个项目约 4~6 课时。

2.教学过程设计:教师应更多起引导作用,除了教材中设计的行动导向教学外,教师应注意收集、捕捉学生沟通中的素材进行引导、点评、示范,增强实践的个体针对性,提高教学效果,也可以增加一些游戏环节,营造快乐学习的氛围。

3.学生主体学习:本课程实战型强,所以要先鼓励学生"敢说"、并计入课程考核中;再其次引导学生说得好。在"说"的过程中,鼓励学生收集日常生活案例到课堂上交流,有沟通中的疑难问题也在课程教学过程中通过讨论、师生点评而加以解决。

4.考核方式的改革:建议采用完全过程考核方式,取消理论考试。重点考核学生基本沟通技能,注重学习过程与目标一致性。考核内容可以包括:考勤及学习态度、课堂敢于发言、专项技能测试、综合技能测试、小组活动表现、平时沟通表现;考核方式可以教师打分、学生自评、学生互评、师生共同评定。

目 录

项目一 沟通的基本原则 ·· 1
  项目介绍 ·· 1
  学习目标 ·· 1
  学习导入 ·· 1
  学习准备 ·· 2
    一、沟通的意义和作用 ··· 2
    二、沟通的基本原则 ··· 3
    三、沟通的技巧 ··· 10
    四、沟通的注意点 ··· 13
  学习行动 ·· 13
    活动一：心态对比 ··· 13
    活动二：国王的故事 ··· 13
    活动三：性格牌游戏 ··· 14
  学习评估 ·· 15
  延伸思考 ·· 16

项目二 学会倾听 ··· 19
  项目介绍 ·· 19
  学习目标 ·· 19
  学习导入 ·· 19
  学习准备 ·· 20
    一、倾听的作用 ··· 20
    二、倾听的基本原则 ··· 22
    三、倾听的技巧 ··· 23
    四、倾听注意点 ··· 25
  学习行动 ·· 26
    活动一：角色体验 ··· 26
    活动二：复述训练 ··· 27
    活动三：心理辅导模拟训练 ····································· 27
  学习评估 ·· 27

延伸思考 ··· 29

项目三　学会拜访 ··· 32
　项目介绍 ··· 32
　学习目标 ··· 32
　学习导入 ··· 32
　学习准备 ··· 33
　　一、拜访作用 ··· 33
　　二、拜访的基本原则 ··· 33
　　三、拜访的技巧 ·· 34
　　四、拜访注意点 ·· 39
　学习行动 ··· 39
　　活动一：讲座主持人模拟训练 ··· 39
　　活动二：拜访长辈（领导）训练 ··· 39
　　活动三：拜访陌生人训练 ··· 40
　学习评估 ··· 40
　延伸思考 ··· 42

项目四　学会接待 ··· 46
　项目介绍 ··· 46
　学习目标 ··· 46
　学习导入 ··· 46
　学习准备 ··· 47
　　一、接待的作用 ·· 47
　　二、接待的基本原则 ··· 47
　　三、接待的技巧 ·· 48
　　四、接待注意点 ·· 54
　学习行动 ··· 55
　　活动一：模拟接待训练 ·· 55
　　活动二：电话通知训练 ·· 55
　　活动三：介绍校园训练 ·· 55
　学习评估 ··· 55
　延伸思考 ··· 60

项目五　学会赞美 ··· 62
　项目介绍 ··· 62
　学习目标 ··· 62
　学习导入 ··· 62
　学习准备 ··· 63

一、赞美的作用	63
二、赞美的基本原则	63
三、赞美的技巧	65
四、赞美注意点	69
学习行动	70
活动一：你能说出多少赞美的语言	70
活动二：同学间的互相赞美	70
活动三：运用赞美进行成功推销	71
学习评估	71
延伸思考	73

项目六　学会批评　75
　项目介绍　75
　学习目标　75
　学习导入　75
　学习准备　76
　　一、批评的作用　76
　　二、批评的基本原则　76
　　三、批评的技巧　77
　　四、批评注意点　83
　学习行动　86
　　活动一：张杰和刘力的对话　86
　　活动二：你来试试　86
　　活动三：自我批评与他人批评　86
　学习评估　87
　延伸思考　88

项目七　学会说服　92
　项目介绍　92
　学习目标　92
　学习导入　92
　学习准备　93
　　一、说服的作用　93
　　二、说服的基本原则　94
　　三、说服的技巧　95
　　四、说服注意点　101
　学习行动　102
　　活动一：我也来卖车　102

活动二：小红是如何劝说患者的 …………………………………… 103
　　活动三：怎么处理合同的变故 …………………………………… 103
　学习评估 …………………………………………………………… 104
　延伸思考 …………………………………………………………… 106

项目八　学会拒绝 …………………………………………………… 110
　项目介绍 …………………………………………………………… 110
　学习目标 …………………………………………………………… 110
　学习导入 …………………………………………………………… 110
　学习准备 …………………………………………………………… 111
　　一、拒绝的作用 …………………………………………………… 111
　　二、拒绝的基本原则 ……………………………………………… 111
　　三、拒绝的技巧 …………………………………………………… 112
　　四、拒绝注意点 …………………………………………………… 116
　学习行动 …………………………………………………………… 116
　　任务一：订购价格优惠的办公设备 ……………………………… 116
　　任务二：说辞拒绝而又不伤和气 ………………………………… 117
　　任务三：说说你的困惑 …………………………………………… 117
　学习评估 …………………………………………………………… 117
　延伸思考 …………………………………………………………… 119

项目九　学会问答 …………………………………………………… 121
　项目介绍 …………………………………………………………… 121
　学习目标 …………………………………………………………… 121
　学习导入 …………………………………………………………… 121
　学习准备 …………………………………………………………… 122
　　一、问与答的作用 ………………………………………………… 122
　　二、问答的原则 …………………………………………………… 123
　　三、问答的技巧 …………………………………………………… 125
　　四、问答的注意点 ………………………………………………… 128
　学习行动 …………………………………………………………… 128
　　任务一：对比封闭式和开放式提问 ……………………………… 128
　　任务二：改改看 …………………………………………………… 129
　　任务三：你能当好推销员吗？…………………………………… 129
　学习评估 …………………………………………………………… 129
　延伸思考 …………………………………………………………… 129

项目十　学会演讲 …………………………………………………… 132
　项目介绍 …………………………………………………………… 132

学习目标 ··· 132
学习导入 ··· 132
学习准备 ··· 133
    一、演讲的作用 ··· 133
    二、演讲的原则 ··· 133
    三、演讲的基本功 ··· 134
    四、演讲的注意点 ··· 141
学习行动 ··· 141
    任务一：为姑奶奶生日做个简短的演讲 ··· 141
    任务二：你会介绍自己吗？ ··· 141
    任务三：你更喜欢哪个人的演讲风格？ ··· 141
学习评估 ··· 142
延伸思考 ··· 143
参考文献 ··· 146

项目一　沟通的基本原则

项目介绍

生活中的每一天我们都会与他人交流,沟通随时随地都伴随着我们,沟通是我们工作、学习、生活的必需品,也是人与人之间关系的润滑油。一个人能够与他人准确、及时地沟通,才能建立起良好的人际关系。本项目主要探讨与人沟通时要遵守的沟通基本原则、注意点以及沟通前的心态调整。

学习目标

掌握与他人沟通的基本原则,懂得心态在沟通中的重要性,学会在沟通前先调整好心态,使得沟通能顺畅并实现组织或个人目标。

学习导入

有个人请了甲、乙、丙、丁四个人吃饭,临近吃饭的时间了,丁迟迟未来。

这个人着急了,一句话就顺口而出:"该来的怎么还不来?"甲听到这话,不高兴了:"看来我是不该来的?"于是就告辞了。

这个人很后悔自己说错了话,连忙对乙、丙解释说:"不该走的怎么走了?"乙心想:"原来该走的是我。"于是也走了。

这时候,丙对他说"你真不会说话,把客人都气走了。"这人辩解说:"我说的又不是他们。"丙一听,心想:"这里只剩我一个人了,原来是说我啊!"也生气地走了。

你从这则故事中领会到什么?给自己做个简单的评价,你说话更多的是让人喜欢还是更多的是得罪他人。

学习准备

一、沟通的意义和作用

为什么要沟通？这个问题乍听起来,好像问别人"为什么要吃饭"或"为什么要睡觉"一样愚蠢。吃饭是因为饥饿,睡觉是因为困倦。同样,对于我们来说,沟通是一种自然而然的、必需的、无所不在的活动。通过沟通可以交流信息和获得感情与思想。在人们工作、娱乐、居家、买卖时,或者希望和一些人的关系更加稳固和持久时,都要通过交流、合作、达成协议来达到目的。人际关系与沟通彼此影响,二者可以互补,也能够相克。人际关系良好,沟通就比较顺畅;沟通良好,也能够促进人际关系的和谐,建立起良好的人际关系。反过来说,人际关系不良,就会增加沟通的困难;沟通不良,得罪他人、失去朋友,使人际关系变坏。人与人的交往,是一个反复沟通的过程,现代社会,不善于沟通将失去许多机会,同时也将导致自己无法与别人协作。你我都不是生活在孤岛上,只有与他人保持良好的协作,才能获取自己所需要的资源,才能获得成功。要知道,现实中所有的成功者都是重视人际沟通、擅长人际沟通的人。

一个人能够与他人准确、及时地沟通,才能建立起牢固的、长久的人际关系。让你在为人处世中游刃有余,让你能够交到更多的朋友,使自己在事业上左右逢源、如虎添翼,最终取得成功;使自己的生活变得更加精彩;使人际关系更加圆融,也使生命过得更有意义!

人际沟通在日常生活起着重要的作用,主要表现在:

(一)消除人际交流中的障碍,协调、改善各种人际关系

在人际交往中,每个人所处的文化、语言、观念、时间、经历、阅历、环境、心境、地位、学识以及性格不尽相同,导致在沟通中存在某些障碍,这些障碍的存在在人际沟通中是在所难免的,有些人就此认为人与人沟通是一件非常困难的事。实际上,我们需要找出障碍的成因,就能对症下药,就能帮助我们克服人际沟通中存在的问题,提高我们的交际能力,改善人际关系。

(二)传递和获得信息,实现组织或个人目标

信息的采集、传送、整理、交换,无一不是沟通的过程。通过沟通,交换有意义、有价值的各种信息,生活中的大小事务才得以开展。掌握低成本的沟通技巧、了解如何有效地传递信息才能提高办事效率,而积极地获得信息更会提高人的竞争优势。一个善于沟通的人可以一直保持注意力,随时抓住内容重点,找出所需要的重要信息,他们能更透彻了解信息的内容,拥有最佳的工作效率并节省时间与精力,获得更高的生产力,实现组织或个人的目标。

二、沟通的基本原则

没有规矩不成方圆。人际沟通也有其固有的原则,正确地掌握人际沟通的原则对人际交往有很大的帮助。日常交际活动中,严格遵守这些原则进行交流,将会使你立于不败之地,相反,违背了这些原则,将使你处处碰壁,寸步难行。

（一）良好的心态是沟通的基本问题

很多人都以为,沟通是一种讲话的技巧,其实这样说是不对的。一个人的心态不对,他的嘴就是像弹簧一样也没有用,所以沟通的基本问题其实是心态的问题。

有句话说:"心态决定一切",意在提醒人们无论做什么都要拥有良好的心态,否则,话难讲,事难成。每个人都拥有自己的喜怒哀乐,都有着别于他人的心理活动,与人沟通时如果忽视了这种心态因素,信马由疆,往往会出现"信任危机",最终使自己讨人嫌,甚至会影响工作。所以,我们不妨从"心态"开始,无论是生活也好、工作也好,都保持一个好的心态。沟通心态是根,沟通知识、技能是叶,养好根,沟通之树才能枝繁叶茂。积极的心态还是消极的心态在沟通中的作用是不一样的,积极的心态使沟通顺利进行,消极的心态阻碍沟通。例如,一个杯子中装了半杯水,不同心态的人,回答是不一样。有人说:这个杯子是半满的;有人说:这个杯子是半空的;两种回答,两种心态,也就会有两种不同的处理问题与对待问题的方法,而认识问题与处理问题的方法,又直接影响着工作。生活中,如果总是以为谁谁都是不好,就自己一个人什么都好,整天牢骚满腹,以这种心态来沟通,十有八九沟通不好。

三个工人砌墙,有人问他们在干吗？

第一个人没好气地说:"砌墙,你没看到吗？"

第二个人笑笑:"我们在盖一幢高楼。"

第三个人笑容满面:"我们正在建一座新城市。"

10年后,第一个人仍在砌墙,第二个人成了工程师,而第三个人,是前两个人的老板。同样的起点,不一样的终点,这就是心态的力量。想法决定活法！

心态对一个人的影响非常大。当你以积极的心态去观察周围事物时,会觉得所有的一切都那么美好,充满希望；当你以消极的心态去看待周围事物时,会觉得所有一切都令人厌恶,了无生趣。事实上,一切现象都是中性的,是好是坏,完全由我们的心态决定。心态积极,看寂寥秋色也缤纷多彩,胜似春潮；心态消极,看万紫千红也凄风苦雨,仿佛煎熬。

年轻的母亲带着一对双胞胎女儿走进了玫瑰园。

没多久,一个小女孩哭哭啼啼地跑了回来,"妈妈,我不喜欢这个地方,它真的很讨厌！"

"为什么这么认为呢,宝贝？"

"因为这里的每朵花下面都有好多刺！"

这时,另一个小女孩却兴高采烈地跑回来,一边跑一边挥手大叫着:"妈妈,我好喜欢这个地方哦,真可爱啊！"

"为什么这么认为呢,宝贝？"

"因为这里的每根刺上面都有这么美丽的花儿!"

面对同样的玫瑰,不同心态的孩子却得出了不同的结论。前者消极,把注意力放到刺儿上面,所以心情郁闷,难以释怀;后者积极,虽知道花儿下面有刺,但却更注重刺上的花儿,自然能欣赏到更多美景,让自己更加快乐。心态是积极还是消极,将导致我们欣赏到不同的人生风景。

古时候有一位国王,总喜欢从外在事物中寻找神的启示。一天,他做了一个梦,梦到山峰崩塌了,河水断流了,鲜花也凋谢了。他赶紧问王后,这些都预示着什么。王后听后,大惊失色地说:"不好了,陛下!这个梦可不吉利啊!您想,山峰崩塌意味着江山即将被颠覆;河水断流了暗示着人民将不在拥戴您;鲜花凋落了表示一切美好的东西将不复存在啊。"国王听了非常伤心,从此缠绵病榻,整日茶饭不思。一位大臣听说这件事后,想了很久,最终来到病榻前劝国王说:"恭喜您,陛下!您做的梦是千古难遇的好梦!您想,山峰崩塌了表示天下太平啊!河水断流了代表真龙会出现;鲜花凋落了更好,表示要结出果子呀!好梦,真乃大大的好梦啊!"国王听后大喜,病也很快不治而愈了。

生命如一条溪流,在岁月的原野上不断流动,如果不在自己的心灵中播下积极的种子,那么就会荒草蔓生、阴霾肆虐。心态是生活的控制器,积极心态消极心态,一念之差就可能导致天壤之别的后果。要想获得幸福,首先要改变自己的心态,只有心态积极起来、阳光起来,与人沟通才会更加顺畅,生活才会跟着美好起来。

在人际交往和沟通中需要保持的十种健康心态:

1. 积极的心态;

2. 主动的心态;

3. 双赢的心态;

4. 包容的心态;

5. 自信的心态;

6. 学习的心态;

7. 合作的心态;

8. 感恩的心态;

9. 行动的心态;

10. 全力以赴的心态。

在人际交往和沟通中需要改进的八种不健康心态:

1. 让人无法忍受的傲慢心态;

2. 受害者心态;

3. 严重"红眼病"心态;

4. 严重的虚荣心态;

5. 消极负面情绪散播心态;

6. 专业"评论员"心态;

7. 绯闻制造机心态;

8. 心理阴暗心态。

心态若改变,态度跟着改变;态度改变,习惯跟着改变;习惯改变,性格跟着改变;性格改变,人生就跟着改变。

(二)站在对方的角度思考问题

在生活中,许多人常自以为是,以自己的价值尺度去衡量他人的生活方式,结果常常令其困惑:自己认为好的,对方不一定认为好;你认为自己为对方付出了很多,但对方也许认为这些付出对他来说没有什么意义……

如果你只是从自己的角度来看问题,纵然你有利人利己的美好愿望,有时也难以被对方接受,最终的结果可能适得其反。多数人际冲突的产生,都是由于人们过分强调自己的立场,而不能从对方的角度来理解问题。事实上,他的做法与你的看法不同,并不代表他一定是错的,而你一定是正确的。如果你处在他的位置上,在同样的状况下,你的做法可能与他并没有什么不同。所以,在人际交往的过程中,要达成良好的人际沟通,寻求他人的支持与合作,营造利人利己的双赢局面,就必须学会换位思考——凡事要从对方的立场去想想:"如果我是他的话……"

由人与人相互吸引的原理可知,当人们的看法、态度和价值观等方面相似时,就有相互喜欢的趋势。当我们站在对方的立场来考虑问题时,相互之间便会找到很多共同点,从而可以增进相互间的理解。

北京有一位的士师傅开出租车多年,从来没有被顾客投诉过,也没有与顾客发生过争执。他是如何做到的呢?

的士师傅说,主要是他能够站在顾客的角度来考虑问题。比如,顾客要到的地方是规定不能停车的地方,他会用一句话加一个小动作使顾客满意。他说:"小妹,你看好价钱,25元。"然后,的士师傅将计价器抬起清零,接着说:"这里不让停车,以下的路程算我送你的。"乘客听到这样的话,看到这样的动作,多数会说:"没关系,师傅,你该怎么算还怎么算。"的士师傅听了心里也暖洋洋的。

的士师傅说:"我是司机,知道这里不让停车,她也许没有驾照,不懂得交通标志。或者,以前她乘车时,别的司机违规在这里停过。因此,她心目中认为这里是可以停车的。此时,如果我继续往前开,而又碰巧计价器里蹦一个字,顾客会以为我算计她一块钱。在生活中,如果别人算计我一块钱,我也不高兴……"

如此站在顾客的角度周全考虑,怎么会得不到顾客的好感呢?怎么会得不到理解和赞同呢?怎么会遭到指责和投诉呢?

换位思考,不仅能够让我们得到别人的理解和支持,也有助于我们更好地了解别人,找到那个潜伏着的理由,同时也找到了顺利解决问题的钥匙。

在美国,一位母亲在圣诞节前夕带着5岁的儿子去买礼物。大街上回响着圣诞节的赞歌,橱窗里装饰着枞树彩灯,乔装的可爱小精灵载歌载舞,商店里五光十色的玩具应有尽有。

"一个5岁的男孩将会以多么兴奋的目光观赏这绚丽的世界啊!"母亲毫不怀疑地想。然而,她没有想到,儿子却紧拽着她的大衣角,呜呜地哭出声来。

"怎么了?要是总哭个没完,圣诞精灵可就不到咱们这儿来啦!"母亲有些生气,语气中充满了严厉。

"我,我的鞋带开了……"儿子怯怯地回答。

母亲不得不在人行道上蹲下身来,为儿子系好鞋带。母亲无意中抬起头来,啊,怎么会什么都没有?!——没有绚丽的彩灯,没有迷人的橱窗,没有圣诞礼物,也没有装饰丰富的餐桌……那些东西都放得太高了,孩子什么也没看见。落在孩子眼里的,只有粗大的脚印和妇人们低低的裙摆,在那里互相摩擦,碰撞……真是好可怕的情景!

这是母亲第一次从5岁儿子的高度看世界。她感到震惊,立即把儿子抱起来,放在自己的肩上,儿子开心地笑了起来:"妈妈,好漂亮的圣诞节啊!"

从此,母亲发誓,今后再也不以自己为基准理解的"快乐"强加给自己的儿子。"站在孩子的立场上"——母亲以自己亲身体验认识了这一道理。

换位思考是与人相处的一个十分重要的技巧,也就是将自己置身于对方的立场和视角,去体验对方的内心感受,了解对方的确切需求,从而在彼此的心灵间架起一座畅通无阻的沟通桥梁。与此同时,当你站在对方立场上的时候,自然也会以对手的目光观察自己,从而对自己多一份了解。

不妨经常问一下自己:"如果我是他,会怎么样呢?"想想看,如果我处在我妻子的地位,我是否愿意以我这样的人为夫?如果我处在我儿子的地位,我是否为有我这样的父亲而骄傲?如果我处在我部下的地位,我是否为有我这样的上司而庆幸?……当你进行这种角色转换的时候,就会惊奇地发现自己还有许多需要改进的地方。

(三)真诚、尊重、谦逊原则

1.真诚原则

不管时代怎么变,一个人张口说话,真诚是基本的要求。在我们的生活中,有很多人认为,滔滔不绝地说话就是流畅优美,实际上说话的魅力最根本的在于你是否善于表达真诚!最能推销产品的人并不一定是口若悬河的人,而是善于表达真诚的人。当你用得体的话语表达出真诚时,你就赢得了对方的信任,建立起人际之间的信赖关系,对方也就可能由信赖你这个人而喜欢你说的话,进而喜欢你的产品了。不仅推销员讲话如此,就是日常说话也是同样的道理。与人交流时,需要把自己的心意传递给对方,只有当对方感受到你的诚意时,他才会打开心门,接收你讲的内容,彼此之间才能实现沟通和共鸣。真诚,是通往人们心灵的桥梁。要想让人产生共鸣,需要来自你内心深处的声音,先要感动自己然后感动别人,不为说话而说话,应以倾诉内在心灵,以心灵的沟通为主要,即可动人以情,并产生强烈的共鸣。不要去追求华丽的辞藻和假装的深沉,朴实无华的语言会显得格外的亲切,也就具备强大的感染力。别只顾擦亮自己的皮鞋,更应擦亮自己的语言,否则,人生将蒙上擦不去的尘埃。在不断锻炼的过程中,越是质朴无华的语言,越会散发迷人的光辉,随着多次的磨炼,沟通技巧终将炉火纯青。

某学院有这样一个实例:有位教员写了一本"思想政治工作方法"的书,出版社让他推销1000册。对他来说,这远比讲课要难得多。为了把书推销出去,他在学员中做了一次演讲,他说:"……当老师的在这里推销自己写的书,总不免有些尴尬。不过,如今作者也很难,写了书,还得卖书。出版社一下压给我1000册,稿费一文没有,所以我不推销不行。这本书写得怎样,我自己不好评说。不过有两点可以保证:第一,这本书是我用三年时间完成的,是我心血的结晶;第二,书的内容绝不是东拼西凑抄下来的,是我自己长期思考的见解。前不久,这本书被思想政治工作研究会评为社科类图书的二等奖,这是获奖证书。

说实话,对于我们这些教书匠来说,搞推销比写书还觉得难,只是硬着头皮来找大家帮忙。不过,买不买完全自愿,绝不强迫。如果觉得这本书对你有用,你又有财力就买一本,算是帮我一个忙。谢谢。"他的这次演讲立即产生了效果,一次就卖掉了300多册。

这位教员不是专职推销员,但是他却获得了成功。从某种意义上说,他的成功就在于他恰到好处地表达了自己的真诚,赢得了听众的信赖。这再一次说明,在讲话中学会表达真诚要比单纯追求流畅和精彩更重要。

2.尊重原则

人类的个性需要爱,也需要尊重。人人皆有一种内在的价值感,都有强烈的自尊心及虚荣心。一个人随意地损害另一个人的自尊心,就等于打击了他的生命。因此,说话的第一个原则就是奉他人的自尊心为上帝,爱护别人的自尊心就像爱护自己的眼睛一样。法国作家安托娜·德·圣苏荷依曾说过这样的话:"我没有权利去做或说任何事以贬抑一个人的自尊,重要的并不是我觉得他怎么样,而是他觉得他自己如何,伤害一个人的自尊是一种罪行。"这话值得我们牢牢记住。

生活中有些人自诩是直爽、单纯,说出来的话总是伤人,让人非常不舒服,试想,这样的人在生活中能和他人和谐相处吗?

一女孩第一次见到同事的丈夫,直接对着这位丈夫说:"你跟她好,你真是瞎了眼了!你怎么能看上她呀……"

这同事第二天质问她为什么要这样说,女孩却说"哟……你这么小心眼儿呀!我跟你俩闹着玩呢!至于吗!你要真是这样的人呀,我就不跟你老公这么说了……"

像这样的女孩,口无遮拦,伤人自尊,违反了沟通的基本原则,却还觉得没什么大不了的,只是直爽性格。需要指出的是直爽性格也必须以尊重他人,不伤他人自尊为前提。

一个女生趁小长假到外地与男朋友小聚。听说她是坐了二十几个小时的硬座去的,同学忍不住说了句:我要是她男朋友,一定给她买卧铺!此话传到该女生耳朵里,让她很难受。

一家的孩子考上了大学,虽然是一个普通的大学,但是全家人依然感到很快乐、很幸福,没有感觉到一点遗憾。父亲对儿子说"儿子,你比你爸和老妈都有出息了。我只上了小学三年级,你妈才小学毕业,你在我们家可就是状元了。"儿子羞涩地笑了,笑得很甜、很舒心。全家人带着一种幸福和喜悦的心情,送儿子到车站去,突然,有人拍了他一下肩膀。当父亲的一看,原来是自己的一个熟人,也来车站送儿子去上学。熟人问:"你儿子考上什么大学?"他刚说出校名,熟人脸上立刻露出惊讶的神色,说道:"你儿子考的这是什么个大学?那个大学上也白上,那个大学毕业的学生根本找不到工作。我儿子考的这所名牌大学,毕业了,人家单位都抢着要,月薪最少八千块啦。"熟人的脸上露出轻蔑的神色,说罢转身走了。这一家子望着熟人一家远去的背影,目光一下子黯淡下来。刚才一家人的幸福和甜蜜,被熟人叽里呱啦一阵连珠炮似的自问自答弄得荡然无存,心,从火热降到冰点。再看帅气的儿子,眼睛里也噙满了晶莹的泪花。

我们每个人都有各自的幸福,也都有各自幸福着的方式,有的人的幸福是来自于一个钻戒,有的人的幸福是来自于一杯奶茶,有的人的幸福或许就是爱人对自己的一个微笑、一句关心的话!在人际交往中,我们需要尊重他人、尊重他人的生活方式。保护他人的自尊心像爱惜自己的眼睛一样才能赢得尊重,赢得良好的关系。

《今日说法》提供:一个叫晶晶的杭州女孩,在回家的途中失踪,经警方调查,出租车司机杨某有重大嫌疑。杨某是东北人,和女友来杭州做生意,但"钱"途不顺,血本无归。杨某只好靠开夜班出租车(晚六点到早六点)来维持生活,女友也离开了他。经杨某交代:事发当天,晶晶搭乘他的出租车,在行驶途中,一辆大卡车违章驾驶,从侧面朝他的出租车撞来,他赶紧急刹车,虽逃过一劫,却把车上的晶晶吓了一大跳,晶晶责怪他:"这样开车,迟早要出事,你们司机的命不值钱,我们乘客的命可值钱!……"他一听这话,心里很不舒服,骂了晶晶几句,晶晶也不是省油的灯,他们就这样一路互相指责,车里的火药味越来越浓,到了目的地,准备付钱时晶晶发现计价器比平时多了两元钱,不肯付钱,拒绝下车,两人越吵越凶,他本想把晶晶拉下车,可晶晶以为他要打自己,就抓了他的脸,两人便打了起来,最后他将晶晶掐死,可是事后他怎么想也想不通他为什么会这么做!

生活中常常能看到这样的人:他总是喜欢对别人的缺点毛病大加指责,对别人的生理特征矮、胖、黑、不够美评头论足,而且不看时间、场合,不分对象,不讲究措辞方式,还总以"我这人就是有什么就讲什么,不会像别人那么藏着掖着,不会像别人那么虚伪"为借口,这样的人,往往把伤人自尊当成性格直爽,如果长期这样,那么他会是一个不受欢迎的人,也会因为语言的不当遭到别人更猛烈的反击,因为谁也不愿意自己的尊严受到无情践踏。

3.谦逊原则

沟通是维持和谐人际关系的一种手段;所以,在开始沟通之前,你一定要端正自己的心态,如果你自私或自大,那你就很难达到有效的沟通。

小田进公司不久,总经理的秘书就出国留学去了,由于她的真诚、谦虚、勤奋和聪明,总经理秘书这个空缺就被她填补了。随着"地位"的变化,她开始有些飘飘然了;不久,同事们能从她说话的口气中感受到她那种无形的优越感。

市场部张经理原来是总经理办公室副经理,小田的顶头上司,这天他打电话来找总经理。小田回答:"总经理出去了,等他一回来我马上就与您联络。"

小田的这种回答让张经理非常郁闷。都是同一个公司的人,为什么还要"联络"?听小田这口气,总经理只属于她一个人,自己只是一个外人!他越想越生气,觉得有必要找个机会在总经理那里参她一"本",让她知道自己有几斤几两。如果小田这么答复他:"总经理现在不在,等他一回来我就给您打电话,你看可以吗?"那张经理心里就会舒服很多。

表面上看起来这是说者无心,听者有意,但这种"无心"实际上也是"潜意识"作用的结果,所以,沟通一定要有谦逊的心态,否则,在沟通中你随时都会流露出那种无形的优越感,而这种无形的优越感又会让你的人际关系受到无形的伤害。因此,一些人常常感叹自己不知什么时候就又把哪路神仙得罪了,或许可以多从语言上审视一下自己。

美国近代最有名的女作家玛格利特·米切尔,有一次参加世界笔会。有一位匈牙利作家不知这位衣着朴素、态度谦虚的女士是谁,他以居高临下的态度问道:"女士,你是一位职业作家?""是的,先生!""那么,有些什么大作,可否告知一二部?""谈不上什么大作,我只是偶尔写写小说而已。""噢,你也写小说。那么,我们可以算是真正的同行了,我已出版了339本小说,那就是……你写过多少部呢?女士!""我只写过一部,它的名字叫《飘》。"不用说,我们不难想象那位自命不凡的匈牙利人目瞪口呆的狼狈相。

谦虚是人的美德，没有人喜欢自我吹嘘之徒。自夸等于在说："我很聪明能干，比你们谁都强，你们非常愚蠢无能，跟我好好学一学吧。"显然，它严重伤害了听话者的自尊心，进而引起反感和敌视，所有的人都会想到你的缺点和不足，把你看作无自知之明的狂妄之徒，你的优点也就会淹没在对你的缺点的议论之中。

（四）把握沟通的分寸

我们常常夸某人讲话得体、很有分寸，这意思就是说他的话讲得适度、恰当、自然，一切都恰到好处，既不过头，又留有余地。达到这种效果，并不是很容易的事情，要经过一番努力才行。把握分寸是非常重要的一个表达原则。

1. 把握交谈内容的分寸

把握分寸大体包括两个方面的内容：一是内容方面，什么话该说，什么话不该说，该说的话怎么说，对特定的时间、地点、环境、对象应该如何表达等，都应把握分寸。英国作家和政治家约瑟·艾迪生曾经说："假如把人们头脑里的想法敞开，我们会发现聪明人和笨人的思想几乎毫无差别，差别仅仅在于聪明人知道如何精心挑选出自己的一些想法去和别人交谈……，而笨人则毫不在乎地让自己的想法脱口而出。"这里所说的，"精心挑选自己的一些想法"就是做好内容方面的选择锤炼工作，即把握内容方面的分寸。

2. 把握交谈形式的分寸

把握分寸的另一个方面是形式方面。同样的内容，通过什么形式表现出来，用什么手段能恰到好处地表现出来，这就是对话语进行形式方面的选择、加工。各种说话的技巧，就是对这种选择、加工的概括总结。但是，在运用各种技巧的时候，也应注意把握分寸。

如何才能把握分寸呢？最起码要注意以下几点：

（1）注意修饰语的使用。美国学者多琳·图尔克穆对此有精辟的论述："名词是骨架，动词是肌肉，要用得准确。可特别要慎用形容词，它们是衣裳和装饰品。如让一简短的信息埋在毫无意义的修饰成分、限制成分和无谓的强化成分之中，或者埋入含糊不清的不确切的陈述中，那就像一个女子戴了过多的珠宝首饰，打扮得过于妖艳一样，她的美就被化妆品遮掩了。"这话很值得深思。在说话过程中，要注意言简意赅地表达自己的思想，绝不可在华丽的辞藻上费尽心机。此外，"最""毫无疑问""不容置疑""所有""全部""肯定是这样"等这类词语的使用必须慎重，大意不得。

（2）多用陈述句和一般疑问句，少用或不用祈使句和反问句；多用委婉的征询语气，少用或不用命令性语气。

祈使句表示请求或命令，但是，表示请求或命令的意思不一定非用祈使句不可。比较以下句子的语气：

①帮个忙！（祈使句，表命令）

②请帮个忙。（祈使句，表请求）

③我想请你帮个忙。（陈述句）

④请你帮个忙好吗？（疑问句）

再比如，我们听到别人对我们这样说："你就要这样做！"即使我们原来就想这么做时，听了这话后可能也要改变主意，因为我们天生就不愿意唯命是从地按别人的命令去办事。相反，别人若这样说，"这样做是不是更好一些？"那么，即使我们原来没有这样做的想法，听这话也会认真考虑,愿意试一试看。

反问句可以加强语势、增加战斗力,但在和亲朋好友或同事讲话时,就不可滥用反问句。看看一对夫妻的对话:

丈夫:你怎么又忘了洗衣服?你怎么什么事情都记不住?

妻子:你有什么资格说我?你的记性难道比我好多少吗?你没有手吗?不会自己洗?你不知道我这两天很忙吗?

丈夫:你真很忙吗?打麻将怎么有那么多的工夫?

妻子:打麻将是我的自由,你限制得了吗?你有什么权力指责我?

这是一对夫妻的对话,几乎句句离不开反问句,"战火"也就越烧越旺,最后也只能两败俱伤。如果换陈述句、一般疑问句来表达,效果恐怕好得多,不至于到不可收拾的地步。

有些人不懂反问句的危害性,与人谈话经常使用,"懂不懂?""这还不懂吗?""这还用问?""这还不知道?"有的甚至把这类话变成口头禅,结果得罪了很多人。在日常交往中应该尽量少用或不用反问句。

(3)适当选用一些模糊词语。

为了使表达留有余地,可以适当使用一些模糊词语,如"大概""也许""一般来说""可能"等。比较以下语句:

①这种说法很有道理,一点没错。

②这种说法大概有一定道理,虽然我也不能说它没有毛病。

③肯定要下雨了,带上雨衣吧!

④也许要下雨,你带上雨衣可能更好。

三、沟通的技巧

(一)围绕对方的兴趣展开话题

有一位记者去采访一个最讨厌记者的赛马手。他知道这个赛马手曾多次使采访记者难堪,一无所获地败兴而归。那些记者们见到他往往问一些诸如"你今年多大岁数了?""从事赛马运动多少年了?""拿过多少次金牌了?"等问题,他当然已经厌烦回答记者的这类提问。这位记者见到赛马手后的第一句话就是"请问骑马时你左蹬比右蹬多放几只眼?"两蹬放眼不一样,是骑士的常用的平衡术。赛马手一听顿时来了精神,采访顺利地完成了。

中国有句俗话叫"酒逢知己千杯少,话不投机半句多",交谈中对方对话题一点没有兴趣,双方的谈话就不会投机。是的,人们对自身的兴趣最大。诸如"我的家""我的晚饭""我的老师""我的领带"等这类带"我"的词语,对任何人来讲,都具有特殊的意义,谈起来也都津津有味。但是,当你在与别人谈话的时候,无视对方的存在,大谈"我的一切",那就大错特错了。只就自己的兴趣谈话的人不会得到对方的好感,也引不起对方的兴趣,因而谈话很难持续下去。维也纳著名心理学家亚佛·亚德勒在他所著的《人生对你的意识》一书中说:"对别人不感兴趣的人,他一生中困难最多,对别人的伤害也最大。所谓人类的失败,都出自于这种人。"

战国时,晋国和秦国联合进攻郑国,形势紧急。郑文公派大夫烛之武悄悄从城墙坠下,走到秦军兵营外,便放声大哭。守门的士兵把他押到秦穆公那里,秦穆公问他:"你为什么深夜到这里哭?"烛之武说:"我哭郑国,也哭秦国。""我们秦国有什么事要你哭?"烛之武说:"我们郑国在晋国的东边,你们秦国在晋国的西边,请想想,秦国能够越过晋国来占领郑国的土地吗?郑国灭亡了,郑国自然被晋国占领,晋国的力量就比秦国大多了。替别人打仗争土地,让人家占便宜,聪明人是不干这种傻事的。"秦穆公说:"晋国总会酬谢我们的。"烛之武说:"多年来您对晋国有大恩大德,可他们报答您没有?当初您帮助公子夷吾回国当了君王,他答应拿焦地和瑕地给您作为谢礼,可是他早上渡河回国,晚上就在这两地设防,拒绝割地。晋国是个贪得无厌的国家,它今天灭了郑国,明天就会侵占秦国。削小秦国的土地以扩大晋国的土地,不应引起忧虑吗?您要是肯解除郑国的包围,我回去一定劝说国君脱离楚国,归附贵国。"秦穆公因之撤兵,并和烛之武歃血立盟,还派兵帮助郑国守城。

围绕对方兴趣的话题讨论也可理解成站在对方的立场,从维护对方利益的角度展开谈话,同时又能实现自己的目的,达到"双赢"。

(二)不抬杠,避免无谓的争辩,懂得合作

有些人说话不好好说,总喜欢抬杠,抬杠就是你说东,他非得说西,你说这个,他非说那个。你说"今天天气不错",他偏说:"哪里不错,不是马上就阴天了吗?"这样人,说话就是添堵,甚至让人感觉说话阴阳怪气。

一女孩和朋友一起出门,想搭公交车,26路有空调,1路没有空调。女孩说:"坐1路热死了",没想到她的朋友来了句:"这么多人坐1路,没见一个热死的。"

如此一抬杠,别人要么无法接话,要么就进入争辩阶段了。这样的人要坚决地改掉抬杠的习惯,否则将会使人际关系破裂。

另一种情况就是无谓的争辩。卡耐基指出:"十之八九,争论的结果会使双方比以前更相信自己绝对正确。你赢不了争论。要是输了,当然你就输了;如果赢了,还是输了。"无谓的争辩对争辩双方的身心和尊严都是一种摧残。

传说宋朝的范镇与司马光讨论乐律时,常常因见解不同而讨论再三。当谁也说服不了谁时,第一次他们采用下棋来决定胜负,范镇赢了;过了20年,范镇去看司马光时,只带了过去讨论过的8篇乐论,司马光又同他争论了好几天,但仍未取得一致意见,于是,他们又以投壶的游戏来决定胜负,这次范镇没有取胜。

很多时候,不同的观点碰撞,并不存在谁是谁非的问题,要学会在碰撞中升华自己的思想,而不是争个你输我赢的结果。如果将交流和沟通变成了肆无忌惮的争吵,只会让大家感到心寒,让沟通中断。

下面是避免无谓争辩的一些建议:

1.欢迎不同的意见;

2.不要相信你直觉的印象;

3.控制你的脾气,口下留情;

4.先听为上;

5.寻找双方一致之处加以肯定;

6.发现自己错了,敢于认错、道歉;

7.同意仔细考虑对方的意见;

8.不要速下结论;

9.得理让人,及时转移话题;

10.一时难以得出结论,及时退出讨论。

老话说:"天下事,何时了;有些事,不了了;一定了,不得了。"许多事是在"不了"中"了"的。偶然发生的不快、无关紧要的分歧,非要弄个水落石出,只会事与愿违。反过来,学会小事糊涂,避免无谓争论,也就能不受制于他人的负面情绪,从而不为外界所累。这是一种生存智慧。

(三)察言观色,因人因时而异

正如每个人都有自己独特的个性一样,每一个人在与他人沟通时也都有自己的习惯,如果你能了解自己同事、亲朋好友的这些沟通习惯,并根据他们的这些习惯来进行沟通的话,那你的沟通就能事半功倍。

当你准备与对方沟通时,你应先观察一下对方,看他是怎么想的,现在想不想与自己沟通。在人际交往中,有些人不管三七二十一,不管对方情绪如何,想不想跟你交流。特别是同事之间,有一些交往不多,交情也不深,更不知对方底细,一见面就滔滔不绝说开了,这样的沟通欲速而不达,不仅很难取得实际的效果,反而有可能增加沟通的难度。当你与这样的同事进行沟通时,如果你一开口就谈工作,直截了当地告诉他自己找他的目的是什么,那么,在对方缺乏心理准备或对你不是很了解的情况下,他不仅很难接受你的意见,而且很有可能产生强烈的抗拒心理。所以,当你准备做沟通时,你最好先寒暄几句,学会通过神态、肢体语言等观察对方的态度,如果合适就进入正题;如果对方对你还有戒心,不妨先说点别的,表现自己的真诚、友善,不让对方有什么压力或其他想法,只有这样,才有可能让对方畅所欲言,把心里话掏给你,从而达到沟通的目的。

随着彼此的了解,有了交情,说起话来就比较方便了,因为他再也不会轻易地怀疑你的动机了,即使你说错了,他也会认为你这是无心的,比较容易谅解你;你说漏了嘴,他也可能用一句"开玩笑的"掩饰双方的尴尬,不会与你计较。如果你与他的交情很浅,那他就会提高对你的警惕性;你一句无心的玩笑,也有可能引发严重的误会。与人沟通,需要养成"见什么人说什么话"的习惯,这并不是让你去欺骗同事,而是为了知己知彼,更好地沟通。

(四)培养主动沟通的良好习惯

主动积极地开展交流沟通,是让别人了解自己、发现自己的有效方式之一。每一个人都有被人认同、被人承认的需要,而自己的积极主动常常会起到很有效的作用。在领导或同事面前要善于表达自己的观点,有了成果要及时和同事进行分享,在工作中犯了错误也要勇于承认并及时和相关人员沟通……善于和他人进行积极主动的交流和沟通的人,获得的机会也会比别人多。

当然,积极主动地和他人进行沟通,前提是在沟通之前对要沟通的事项有自己的深入思考,要能够站在一个公正的立场上来看问题,同时还要有一颗真诚的、尊重他人的心。那些只会夸夸其谈的人,说得越多,越容易让人反感。

四、沟通的注意点

(一)语气比语音更重要

舒缓温和的语气,给人一种轻松安适的感觉,能令在场的每一个人感到放松,从而营造一个良好的沟通氛围。

(二)言简意赅,惜言如金

古语说得好,"言不在多,达意则灵"。用简单的语言表达出丰富的思想,会让交流简洁明朗,对方也会欣然接受。鲁迅曾说过:"时间就是生命,无端空耗别人的时间,无异于谋财害命。"

(三)不要随意打断别人

任何人在讲话时都不希望被别人打断,所以沟通中我们要学会耐心倾听。切记,随意打断别人是一种极不礼貌的行为!

(四)微笑是最好的名片

"微笑是两个人之间最短的距离。"人际交往中保持微笑,会让人感觉如沐春风、非常温暖。

(五)交谈七忌

忌居高临下、忌自我炫耀、忌口若悬河、忌随意插嘴、忌搔首弄姿、忌心不在焉、忌挖苦嘲弄。

学习行动

活动一:心态对比

请罗列出心态积极和心态消极的人在思维方式、人生态度上、在看问题的角度、人际关系、金钱问题上的对比,再想想,你是哪类人?你将如何去调整不良的心态?

活动二:国王的故事

有个国王喜欢打猎,以及与宰相微服私访。宰相最常挂在嘴边的一句话就是"一切都是最好的安排"。一天,国王到森林打猎,一箭射倒一只花豹。国王下马检视花豹。谁想到,花豹使出最后的力气扑向国王,将国王的小指咬掉一截。国王叫宰相来饮酒解愁,谁知宰相却微笑着说:"大王啊,想开一点,一切都是最好的安排!"国王听了很愤怒,"如果寡人把你关进监狱,这也是最好的安排?"宰相微笑说:"如果是这样,我也深信这是最好的安排。"国王大怒,派人将宰相押入监狱。一个月后,国王养好伤,独自出游。他来到一处偏远的山林,忽然从山上冲下一队土著人,把他五花大绑,带回部落!山上的原始部落每逢月圆之日就会下山寻找祭祀满月女神的牺牲品,土著人准备将国王烧死。正当国王绝望之时,祭司忽然大惊失色,他发现国王的小指头少了小半截,是个并不完美的祭品,收到这样的祭品,满月女神会发怒,于是土著人将国王放了。国王大喜若狂,回宫后叫人释放宰相,摆酒宴请,国王向宰相敬酒说:"你说的真是一点也不错,果然,一切都是最好的安排!如果不是被花豹咬一口,今天连命都没了。"国王忽然想到什么,问宰相:"可是你无缘无故在监狱里蹲了一个多月,这又怎么说呢?"宰相慢条斯理喝下一口酒,才说:"如果我不是在监狱里,那么陪伴您微服私巡的人一定是我,当土著人发现国王您不适合祭祀,那岂不是就轮到我了?"国王忍不住哈哈大笑,说:"果然没错,一切都是最好的安排!"

想一想:

1.听完故事,谈谈你的收获与感想。

2.当你遇到压力和挫折的时候,你习惯对自己说些什么?

3.你有过因为"痛"终有所"得"的经历吗?

活动三:性格牌游戏

1.游戏目的

这个游戏可以帮助刚刚见面的人在一种轻松的氛围中积极地去认识新朋友,激励学员互相交流沟通。

2.游戏步骤

(1)老师发给每一个人一张性格表,请同学们拿着性格表去寻找别人签字,请这个人在符合自己性格上的格子里签字(每个人可能有数项符合,但一个人只许签你认为最准确的一个)。

(2)每个人只有10分钟的时间去收集签名。

(3)收集签名最多者获胜。

3.相关讨论

(1)你如何寻找签字的人?你和他们有什么样的沟通?

(2)签字的同学是通过什么了解对方这个性格特点的?

附:性格表

正直	认真	孤僻	直爽	忧郁
可靠	热情	聪明	敏感	主动
内向	自信	开朗	随和	真诚
开放	友好	善良	勇敢	细腻

续表

宽容	体贴	知心	懒散	幽默
有修养	有思想	有魄力	有才气	有经验
有气质	有才能	阅历广	善于倾听	善于沟通
和蔼可亲	善解人意	沟通畅快	办事仔细	爱动脑筋
有责任心	喜欢读书	喜欢旅游	不善交流	有观察能力
有交往技巧	有合作精神	有组织能力	有专业能力	理解能力强

学习评估

这份人际交往能力自测量表,共包括30道题,你可按照自己的符合程度进行打分。完全符合者打5分,基本符合者打4分,难以判断者打3分,基本不符合者打2分,完全不符合打1分,最后统计总得分。

1.我上朋友家做客,首先要问有没有不熟悉的人出席,如有,我的热情度就明显下降。(　)

2.我看见陌生人常常觉得无话可说。(　)

3.在陌生的异性面前,我常感到手足无措。(　)

4.我不喜欢在大庭广众之下讲话。(　)

5.我的文字表达能力远比口头表达能力强。(　)

6.在公共场合讲话,我不敢看听众的眼睛。(　)

7.我不喜欢广交朋友。(　)

8.我的要好朋友很少。(　)

9.我只喜欢与我谈得拢的人接近。(　)

10.到一个新环境,我可以接连好几天不讲话。(　)

11.如果没有熟人在场,我感到很难找到彼此交谈的话题。(　)

12.如果在"主持会议"与"做会议记录"这两项工作中挑选一项,我肯定挑选后者。

( )

13.参加一次新的集会,我不会结识多少人。( )

14.别人请求我帮忙而我无法满足对方要求时,我常常感到很难对人开口。( )

15.不是不得以,我绝不求助于人,这倒不是我个性好强,而是感到很难对人开口。( )

16.我很少主动到同学、朋友家串门。( )

17.我不习惯和别人聊天。( )

18.领导、老师在场时,我就会特别紧张。( )

19.我不善于说服人,尽管有时我觉得很有道理。( )

20.有人对我不友好时,我常常找不到适当的对策。( )

21.我不知道怎样和嫉妒我的人相处。( )

22.我同别人的友谊发展,多数是别人采取主动态度。( )

23.我最怕在社交场合中碰到尴尬的事。( )

24.我不善于赞美别人,感到很难把话说得亲切自然。( )

25.别人话中带刺明褒暗贬我,除了生气外,我别无他法。( )

26.我最怕做接待工作,同陌生人打交道。( )

27.参加聚会,我总是坐在熟人旁边。( )

28.我的朋友都是我年龄相仿的。( )

29.我几乎没有异性朋友。( )

30.我不喜欢与地位比我高的人交往,我感到这种交往和拘束,很不自由。( )

延伸思考

一、演练题

【演练1】小贾是公司销售部一名员工,为人比较随和,不喜争执,和同事的关系处得都比较好。但是,前一段时间,不知道为什么,同一部门的小李老是和他过不去,有时候还故意在别人面前指桑骂槐,对跟他合作的工作任务也都有意让小贾做得多,甚至还抢了小贾的好几个老客户。

起初,小贾觉得都是同事,没什么大不了的,忍一忍就算了。但是,看到小李如此嚣张,小贾一赌气,告到了经理那儿。经理把小李批评了一通,从此,小贾和小李成了绝对的冤家了。

想一想:

如果你是小贾,你会怎么对待这个问题,如何解决与小李的关系?

【演练2】张丹峰刚刚从名校管理学硕士毕业,出任某大型企业的制造部门经理。他一上任,就对制造部门进行改造。张丹峰发现生产现场的数据很难及时反馈上来,于是决定从生产报表上开始改造。借鉴跨国公司的生产报表,张丹峰设计了一份非常完美的生产报表,从报表中可以看出生产中的任何一个细节。

每天早上,所有的生产数据都会及时地放在张丹峰的桌子上,张丹峰很高兴,认为他拿到了生产的第一手数据。但没过几天,就出现了一次大的品质事故,而报表上根本没有反映出来,张丹峰这才知道,报表的数据都是随意填写上去的。

为了这件事情,张丹峰多次开会强调认真填写报表的重要性,但每次都是在开会强调完之后的几天内起到一定的效果,过不了几天又返回了原来的状态。张丹峰怎么也想不通。

想一想:
为什么张丹峰的想法没办法得到切实可行的执行?

二、补充案例(教师可设计问题,供学生学习分析)

【案例1】一女孩在宠物店经过一番讨价还价,买了一只小狗。晚上她打电话告诉她二姐:我买了一条博美。二姐非常高兴,马上询问狗是什么颜色,多大了,可不可爱。

晚上,大姐打电话来询问女孩最近的情况,小狗在女孩接电话的时候叫起来,大姐在电话里一听到有狗叫,就问是否很脏,会不会咬人,有没有打预防针。

【案例2】研发部梁经理进公司还不到一年,工作表现颇受主管赞赏,不管是专业能力还是管理绩效,都获得大家肯定。在他的缜密规划之下,研发部一些拖延已久的项目,都在积极推行当中。

部门主管李副总发现,梁经理到研发部以来,几乎每天加班。他经常第二天来看到梁经理电子邮件的发送时间是前一天晚上十点多,接着甚至又看到当天早上七点多发送的另一封邮件。这个部门下班时总是梁经理最晚离开,上班时第一个到位。但是,即使在工作量吃紧的时候,其他同仁似乎都准时走,很少跟着他留下来。平常也难得见到梁经理和他的部属或是同级主管进行沟通。李副总对梁经理怎么和其他同事、下属沟通工作觉得好奇,开始观察他的沟通方式。原来,梁经理部是以电子邮件交代下属工作。他的下属除非必要,也都是以电子邮件回复工作进度及提出问题。很少找他当面报告或讨论。对其他同事也是如此,电子邮件似乎被梁经理当作和同仁们合作的最佳沟通工具。

但是,最近大家似乎开始对梁经理这样的沟通方式反应不佳。李副总发觉,梁经理的部属对部门逐渐没有向心力,除了不配合加班,还只执行交办的工作,不太主动提出企划或问题。而其他部门主管,也不会像梁经理刚到研发部时,主动到他房间聊聊,大家见了面,只是客气地点个头。开会时的讨论,也都是公事公办的居多。李副总趁着在楼梯间抽烟碰到另一处陈经理时,以闲聊的方式问及陈经理,陈经理觉得梁经理工作相当认真,可能对工作以外的事就没有多花心思,李副总也就没再多问。

这天,李副总刚好经过梁经理办公室,听到他打电话,讨论内容似乎和陈经理业务范围有关。他到陈经理那里,刚好陈经理也在说电话。李副总听谈话内容,确定是两位经理在谈话。之后,他找了陈经理,问他怎么一回事。明明两个主管的办公房间就在隔邻,为什么不直接走过去说说就好了,竟然是用电话谈。

陈经理笑答,这个电话是梁经理打来的,梁经理似乎比较希望用电话讨论工作,而不是当面沟通。陈经理曾试着要在梁经理办公室谈,而不是电话、邮件沟通。梁经理不是在最短的时间内结束谈话,就是眼睛一直盯着计算机屏幕,让他不得不赶紧离开。陈经理说,几次以后,他也宁愿用电话的方式沟通,免得让别人觉得自己过于热情。

了解这些情形后,李副总找了梁经理聊聊,梁经理觉得效率应该是最需要追求的目标,所以他希望用最节省时间的方式,达到工作要求。李副总以过来人的经验告诉梁经理,工作效率重要,但良好的沟通绝对会让工作顺畅许多。

【案例3】本杰明·富兰克林深受世人的敬仰,不仅因为他是美国的开国元勋和杰出的科学家、政治家,更因为他一直被后人推崇为最完美的做人与处世的典范。

一天,富兰克林和年轻的助手一道外出办事来到办公楼的出口处时,看见前面不远处正走着一位妙龄女郎。也许是她步履太匆忙,突然脚下一个趔趄,身体失去平衡,一下子就跌坐在地上。

富兰克林一眼就认出了她,她是一位职员,平时很注重自己的外在形象,总是修饰得大方得体、光彩照人。助手见状,刚要迈开大步,上前去扶她一下,却被富兰克林一把拉住,并示意他暂时回避;于是,两人很快折回到走廊的拐角处,悄悄地关注着那个女职员的动静。面对助手满脸困惑的神情,富兰克林只轻轻地告诉他:不是不帮她,而是现在还不是时候,再等等看吧。

一会儿,那个女职员就站起来,她环顾四周,掸去身上的尘土,很快恢复了常态,若无其事地继续前行。

等那个女职员渐行渐远,助手仍有些不解。富兰克林淡淡一笑,反问道:年轻人,你难道就愿意让人看到自己摔跤时那副倒霉的样子吗?

助手顿时恍然大悟。

【案例4】一位女大学生提出了这样一个问题:在与人交往中,我最怕的就是别人看轻自己。因此,我常常忍不住要贬低别人。凡是赞扬我的话,我听着特别顺耳;可有人与我的看法不合,我就忍不住要挖苦对方。我一直认为自尊是最重要的,但近来我却感觉同学们对我日渐疏远了。有个过去的知心朋友说:"是你的自尊害了你!"我不明白,难道自尊还有什么不好吗?

【案例5】英国皇室曾宴请印度客人,在宴会结束时,侍者为每一位客人端来洗手盆,印度客人误以为这是喝的水,于是一饮而尽。正当皇室成员对这一尴尬局面不知如何应付时,宴会主人却学着客人的样,也将水一饮而尽。这一刻,大家才恍然大悟,纷纷效仿主人,饮尽洗手水。

项目二　学会倾听

项目介绍

倾听是指听懂并记住别人谈话的内容,正确理解谈话人的思想情感,并给予积极主动的反馈,包括有声语言和肢体语言。本项目主要探讨倾听的作用、倾听的基本原则、倾听的技巧以及倾听中所要注意的事项。

学习目标

能掌握倾听的基本原则、方法和技巧,并且对沟通对象的思想和情感进行准确全面的理解,同时能够及时得体地进行反馈,进一步推动话题的进展。

学习导入

场景一:
妻子:累死我了,一下午谈了三批客户,最后那个女的,挑三拣四,不懂装懂,烦死人了。
丈夫:别理她,跟那种人生气不值得。
妻子:那哪儿行啊!顾客是上帝,是我的衣食父母!
丈夫:那就换个活儿干呗,干吗非得卖房子呀?
妻子:你说得倒容易,现在找份工作多难啊!甭管怎么样,每个月我还能拿回家三千块钱。都像你的活儿,是轻松,可是每个月那几百块钱够谁花呀?眼看涛涛既要上大学了,每年的学费就万把元吧?!
丈夫:嘿,你这个人怎么不识好歹?人家想帮帮你,怎么冲我来啦?

妻子：帮我？你要是有本事，像隔壁小萍丈夫那样，每月挣个四五千，就真的帮我了。
丈夫：看着别人好，和他过去！不就是那几个臭钱吗？有什么了不起！

场景二：
妻子：累死我了，一下午谈了三批客户，最后那个女的，挑三拣四，不懂装懂，烦死人了。
丈夫：大热天的，再遇上个不懂事的顾客是够呛。快坐下喝口水吧。（把她平日爱喝的冰镇酸梅汤递过去）
妻子：唉，挣这么几个钱不容易，为了涛涛今年上大学，我还得咬牙干下去。
丈夫：是啊，你真是不容易，这些年，家里主要靠你挣钱撑着。
妻子：话不能这么说，涛涛的功课、人品，没有你下力，哪儿能有今天的模样？唉，我们都不容易。

问题：
1.在场景一与场景二中，哪对夫妻进行了有效的沟通？
2.他们是如何进行有效沟通的？

学习准备

一、倾听的作用

说到沟通能力，我们想到的是"能说会道""笔头硬"，你是否想过听也是一种重要的沟通能力呢？很多人都不这么认为，因为在语言交流的听说读写诸项活动中，听似乎是最不费功夫的：竖起耳朵听就是了。

其实情况不是那么简单。美国著名的成功人士戴尔·卡耐基有一回遇到一位著名植物学家，这位植物学家滔滔不绝地给他讲大麻、室内花园等事。卡耐基对植物学一窍不通，但他认真地听着。谈话结束，植物学家大力赞扬卡耐基，说他是"最有趣的谈话者"。卡耐基感叹道：倾听是我们对说话者的一种最好的恭维。倾听是一种重要的沟通能力，是沟通的润滑剂和刺激剂。

倾听的作用在于，一是确保信息交流的准确性，促使交谈双方沟通顺畅，主动把握谈话方向，推动话题向纵深扩展，提高沟通质量，更好实现沟通目标；二是体现出尊重他人的美德，营造良好的沟通氛围，使沟通不仅仅交流思想，加深了解，增进感情，更提升个人的公众形象，使其在他人心目中留下明智、领悟力强、有同情心的美好印象，成为一个受欢迎的人。

在早些年航空业飞速上升、蓬勃发展的时候，西南航空公司给全世界创造了数百个职位，大概有几十种类型，包括飞行员、飞机维修师、研发人员、空中小姐、空中少爷以及地勤人员（即在各酒店、饭店里卖票的地勤或服务人员）。这么多种职位产生出来，西南航空公司又是一个非常有名的公司,结果世界各地的应聘信就像纸片似的飞了过来,那么西南航空公司怎么处理这些应聘信呢?

他们首先筛掉基本技能不符合要求的候选人;其余但凡跟这个职位有点相关的人,都要进行初次面试。面试方式:把参加面试的应聘者每20人分为一组,坐在会议室里面,主考官会跟大家说:"大家好,今天大家来初次面试,你们当中有申请各种职位的,请每人演讲3分钟,内容包括:你叫什么名字?应聘什么职位?为什么应聘这个职位?只讲3分钟,时间一到就换人。"这样一来,20个人的面试只用一个小时就完成了。

面对这个问题,很多人都会无一例外地认为是在看演讲者的口头表达和逻辑思维能力、仪表仪态方面的基本表现,同时通过他的演讲可以观察出这个人对自己是否有一个期望,如果有,也就更能和公司达成一致的前进目标。

这些考虑都很有道理。但是不是每个人都能无拘无束地站在台上,面对底下几十人而滔滔不绝?拿飞机维修师来说,作为一个修飞机的人,以后的工作中是否有机会遇到面对这么多人讲话的场景?基本没有可能,因为他只修飞机而已,但是,却要在面试时考察他在众人面前的条理性和表达能力,这好像不大公平,因为他的工作用不着这个,他可能一看见人多就吓得发抖,浑身冒汗,但他却不一定不能修飞机。所以考核的不是这个。

其实在面试时,主考官有时也有很"黑"的地方,因为他隐藏了很多东西,候选人不知道。面试中很有名的一种做法叫声东击西法,即给应聘者表面印象好像看的是他这方面,但实际上看的却是另外一方面,这个案例就是典型的声东击西。候选人在这儿讲3分钟,跟主考官一点关系都没有,主考官根本不看演讲者,他看的是底下坐着的那19个人,看他们在干什么。大家想一想,西南航空是飞航线的,所有的人都要有一种态度,就是尊重别人,也就是我们现在非常强调的客户服务意识。所以这时主考官就会看,别人在上面讲的时候,其余的应聘者在干什么。会不会有的人因为演讲者表现不佳而幸灾乐祸,轻蔑之色溢于言表,或者跟别人交头接耳,这样的人就被PASS掉了,是不是?也有的人,还没轮到他呢,那就写点东西吧,或看报纸、接电话,甚至来回溜达,这样的人又被PASS掉了。什么样的人才能成功地进入第二轮面试呢?是那些没轮到他,但是很认真地倾听人家讲话,不交头接耳,对这个讲话者有起码尊重的人。这就是声东击西法,其实候选人没有想到,你修飞机的技术、演讲技巧、仪表等几方面都怎么样,那是主考官在第二轮面试时要看的东西。而第一轮的面试我们叫门槛,换句话说,你必须设一道所有职位(从前台到总经理)都应该跨过的门槛,这样的人才能进来,进行你的专业面试。如果你能根据公司的通性、共性设置合适的门槛,那你的门槛就设对了。在西南航空公司有一段很有名的话:

我们的费用可以被超过,我们的飞机和航线也可以被模仿,但是我们为我们的客户服务感到骄傲,这是没有人能够模仿得出来的。通过有效的雇佣,我们为公司节省了费用,并且达到生产率和顾客服务的更高水平。

西南航空公司还列举了一系列的统计数字,大意是在一段时间市场特别低迷的情况下,它的运营成本是每英里7美分,是全行业里最低的。而且在1994年,它获得了美国运输部颁发的奖章,来表彰它的准时、行李处理的及时和最少的客户投诉。它取得的这个业绩是怎么来的?是招对了人!是招聘时把门槛设对了。

二、倾听的基本原则

（一）具备主动倾听的意愿

主动式倾听不是一种单纯地接受式的静听，而是积极地去捕捉发言者的思想和观点，并对这些观点从自己的视角出发进行分析和思考，因而在倾听的过程中，倾听者的思维始终处于活跃状态，需要一定的精力、专注力和平静的情绪。如果你很忙没有时间，或者没有意愿和精力去倾听，那就尽量不要开始，听到一半就离开或者打断，是不礼貌的。

而被动式的倾听只是一种意见的单向接受，倾听者没有对表达者或发言者的信息进行反应，缺乏主体之间信息的反馈和沟通。而主动式倾听建立在彼此尊重和理解的基础上，使意义在主体之间双向流动，并在不断的碰撞、探讨中生成新的意义。

倾听者与发言者之间的对话，从本质上说是一种人与人之间的平等交往。倾听者与发言者在彼此尊重的基础上相互倾听和表达，建立了一种和谐的交往关系，在交流信息的同时充满情感的互动和交融，从而不仅建立了友好的关系，而且改善了人与人之间的关系，在交往中得到了情感的升华。

（二）营造倾听的氛围

营造倾听的氛围是十分重要的。首先是尊重发言者，每一个人既是倾听者，也是发言者。在别人发言时自己如果不主动倾听，那么当自己发言时，别人也不会尊重你。倾听是相互的，因为尊重是相互的。其次，要避免受偏见的影响，应保持开放的心态，对别人不同的意见也应努力倾听，保持一种开放的心态能够大大提高倾听的效果。发言者看到别人尊重自己，就能激发他的自信，有助于他们更好地表达自己。第三，要用真诚的态度听，眼神交流和适当的表情应答，比如听明白的地方微微点点头，让对方知道你有兴趣听下去。一个人肯对你讲心里的话，要感激他对你的信任，当他征求你意见时，你应该真实地表达你的想法，如果是令他难以接受或者不能直面的，除非是非常熟悉的朋友，不然就不要说了。要么不说只是听，要说就说真话。

（三）听懂谈话对象的思想和情感

每个人的话语中都包含着丰富的思想和情感，同一句话，不同的人表达出不同的思想境界和心态；同样的话，不同的人也有不同的理解。这与人们的道德品质、思想修养、性格气质以及说话时的心理状态有关。举个例子，有两个孩子，他们的妈妈都对他们说："你真是一个淘气的孩子！"这句话可能包含着完全相反的情感，一种是喜悦，一种是愤怒，这源于两位母亲当时的心情和对孩子"淘气"这个现象的看法；再举一个例子，一场大雨过后，道路上有的地方大面积的积水，甲和乙同行，甲说："骑车时，我一般都主动骑有积水的路面。"乙说："对，宁可我溅别人一身水，也不能让别人溅我一身水！"甲连忙解释："不是这样的，我是主动骑有积水的路面，把比较干燥的路面让给别人。当然我会小心地骑，不会溅起太大的水花。"这两种截然相反的理解，折射出甲和乙不同的人品与修养。

面对人们纷繁复杂的内心世界，作为倾听的一方更应该付出十二分的专注力和精力。倾听需要用耳听、用眼看、用心领会。一个"倾"字，包含着"专心"与"主动"的含义，它是一种心（神）、身、眼、耳的统整活动。倾听不仅指要用脑子听，还指要用心听。"用脑子听"要求倾听者能理智分析说话者的道德品质、思想修养、性格气质以及说话时的心理状态，综合其前言后语，最后总结出其话语的准确意思；"用心听"要求倾听听者能真心实意地关心说话者的处境，对其喜、怒、哀、乐感同身受，不仅能准确把握其话语中的情感，更能给予适当的反馈，使其情感得到释放和宣泄。

（四）倾听的方式要因人而异

不同的人有不同的沟通需求，倾听的方式也要因人而异。根据述说人和倾听者的关系亲疏不同，可以分为以下几种关系：(1)听陌生人倾诉，因为互相不了解，最好不要引导他讲过于隐私的内容。一是因为不了解他的处境，你不能给出好的建议；二是避免将来见面尴尬。(2)当熟人有难堪的问题向你倾诉时，其实不妨讲一个你自己身上类似的故事（如果有），我觉着是一种宽慰和理解，有些人倾诉是在缓解压力和寻求理解，这样目的就达到了，他觉着自己不是孤独的，还有人能理解他的感受；亲密的朋友或者爱人，因为彼此都很了解，你也真的未必能给他什么建议，他明明知道这个还来和你说，那其实就是他有点累了，烦了，把你当作树洞了，这个时间里就静静地看着他，微笑，听他讲完，如果他很累，借他一个肩膀靠靠，就是最好的安慰方式了。

在美国最黑暗的内战时期，林肯写信给在伊利诺斯春田的一位老朋友，请他到华盛顿来。林肯说，他有些问题要与他讨论。这位老朋友到白宫拜访，林肯同他谈了数小时关于释放黑奴的宣言是否适当。林肯将对赞成及反对此事的理由都加以探究，阅读一些谴责他的信件及报纸文章。其中有的怕他不放黑奴，有的却怕他释放黑奴。谈论数小时以后，林肯与他的老朋友握手道罢晚安，便送他回伊利诺斯，竟然没有征求他的意见。整个谈话中所有的话都是林肯在说，好像是为了舒展他的心境，"谈话之后他似乎稍感安适"。这位老朋友说，林肯没有要求得到建议，他只需要一位友善的、同情的静听者，使他可以发泄苦闷。那是我们在困难中都需要的，那常是仇怒的顾客所需要的，一些不满意的雇员、感情受到伤害的朋友也都如此。

三、倾听的技巧

在沟通中，当你把注意力集中在他人所说的内容时，你已经成为一个倾听者。当你将谈话时重要的观点在头脑中进行勾画，并考虑提出问题或对提出的观点进行质疑时，你就成为一个主动的倾听者。

（一）以开放的心态，全面倾听

开放的心态是一个人成熟的标志之一，它代表着一种冷静的情绪，一种包容的胸怀，一种全面客观分析问题的角度，以及一种不逃避、敢于正视困难的勇气，开放的心态对于倾听是至关重要的。小马里奥特(J.W.Marriott,Jr.)是万豪国际酒店集团(Marriott International)的董事长和CEO，是创始人老马里奥特的儿子。和父亲一样，他喜欢走动式管理，以四处巡视旗下酒店为乐事。想听好消息、忽略坏消息是人之常情，小马里奥特也犯过这个错误。在20世纪80年代末，酒店业的过度扩张已经很严重，但是小马里奥特盲目自信，只把注意力放在正面的消息上，对于负面消息则装聋作哑，最终付出了惨痛代价。小马里奥特总结说："选择性倾听，几乎和完全不倾听一样糟糕。"

(二)关注内容,捕捉要点

主动倾听的注意力应集中到内容信息本身上,不要去急于评判对与错或好与坏。应该做到以下几点:

第一,弄清楚对方所讲的中心思想:主动倾听的着眼点是辨别贯穿于整个内容的基本思想,即中心思想。然后是对方的重要观点,也就是加强中心思想的观点,最后是支持主要观点的材料。如果记住了中心思想,主要观点就容易记住。

第二,联系自我的经验理解对方的观点:在沟通过程中,倾听者把对方讲的观点与自己的经验联系起来,对于加深理解所说的内容有重要的作用。

第三,寻找对方所讲内容与自己已知内容的异同:从他人说话中寻找你已经知道内容的相同点或不同点,通常有助于你对话题内容的理解。

第四,预言接下来说的内容:当我们为了获取信息而倾听时。通过预言接下来要说的内容有助于我们集中注意力。

(三)使用目光交流

眼睛是心灵的窗户,双方交谈时要注意保持目光交流。通常情况下,用柔和的目光不时地注视对方的眼睛,表明自己对所讲的内容感兴趣;同时,也传达了友好的感情和积极鼓励的信息。在谈到高兴的话题时,听话者看着对方会使对方有愉悦之感;在谈论令人不愉快的或难以解决的复杂问题时,双方应避免目光接触,这时候.节制目光的直接注视是礼貌并能理解对方情绪的表现,否则,可能会引起对方愤懑。双方距离越近时,越要避免目光接触。另外,斜视和心不在焉的呆滞或东张西望会使说话者产生不良印象。

(四)使用体态语言表示

用点头、微笑和皱眉等体态语言表示自己的兴趣。参与的姿势要放松,手臂不要交叉,不要僵硬不动,要随说话人的语言做出反应。坐着的时候要面向说话人,身体略向前倾,可以随着说话人的姿势不断调整自己的姿势。

同时,避免做出一些容易引起别人误会或不悦的动作,比如不时看手表、手机、身体不停抖动、腿部做出随时要站起的姿势、两个手臂交叉抱在胸前。

(五)使用有声语言回应

必要时,边听边用"嗯、哼、啊、我明白了、我知道、没错、对"等词语来肯定和赞扬说话者,表示你的兴趣和鼓励对方继续说下去。

在主动倾听时,还要注意不要随意插嘴和打断对方讲话;不要抢着帮别人说话。随意打断对方的讲话,会被视为不礼貌,引起他人反感。除了双方关系十分密切、十分随意的场合可以随便插话外,一般情况下,需要确认接受的信息是否准确或表达自己的意见时,在合适的时机,可以礼貌地请求插话,如"对不起,打断一下……",对方允许后,可以插话。

当别人讲到自己引以为自豪的事情时,要适时地赞美对方的成功之处;当别人的陈述比较含糊不清,要提出一些问题,比如:"请举一个例子?""能再说得详细一些吗?""能说说当时这么做的原因吗?"通过提问使自己能够更加准确地掌握对方的信息和情感,更可以进一步推动话题的进展。

总之,主动倾听不仅为了自己避免信息的误解,同时需要让对方知道自己是在倾听。在对方说话的时候有相应的动作,能让对方完全觉得你在认真倾听,表明你对对方的尊重。倾听是有效沟通的润滑剂和刺激剂。

(六)记笔记

在条件允许的情况下,特别是在重要性的交谈或会议上,做笔记是表明自己在积极倾听的重要动作。记笔记有很多好处:(1)能听清楚并记录下所说的全部内容;(2)能理清说话者的主要观点;(3)能注意到信息的重点,并会留下书面材料,反复琢磨,深入理解。

四、倾听注意点

(一)避免噪音的干扰

噪音干扰不仅仅指声音方面的干扰,如说话人的音量过低、背景声音过大,还指其他方面的干扰,如浓烈的香水味、过高的室内温度、夸张的服饰等等。这些干扰使得你不能专心于听取说话者传递的信息,因此被认为是噪音。

因此,沟通双方应该选择在相对安静、与喧闹场所隔离的环境中交谈,并且提醒说话人要注意音量、语速,以及语音标准程度,以确保交流质量。面对浓烈的香水味、过高的室内温度、夸张的服饰等其他因素干扰时,要求倾听者主动地提升注意力,增加抗干扰的能力。

(二)避免细节的干扰

细节的干扰是指我们过于专注于谈话的细节而忽视谈话的整体意思,以这个细节为话题自己想象起来;或者希望能够听到内容上有关某个细节更多的信息,甚至可能会将某个细节当成整体意思,以致做出错误的判断。另外,我们在听的过程中可能会被某个形式上的细节吸引,如"领带真难看""她说起话来像个小姑娘"等等,关注内容和形式上的细节会使我们走神,离开与对方的交谈,专注某个细节则会使谈话的双方失去了共同点,造成交流困难。所以在倾听过程中要全面完整地把握对方的主要观点,不要选择性地注意一些细枝末节。

(三)避免认知干扰

认知干扰包括语义干扰和自我认知干扰。

1.语义干扰

语义干扰是指人们当听到某个带有感情倾向的词或陌生概念术语产生的不适反应。人们说话时总是根据自己的习惯表达,并不特别在意所用的词语是否刺耳,同时,也不关心自己使用的词汇,是否超出对方的理解能力、文化水平。

比如,我们工作出了差错,我们希望听到领导这么批评:"你毕竟没有经验,否则不会惹出这种麻烦。"但不希望听到领导这么说:"就知道你们年轻人嘴上没毛,办事不牢。"第一种说法,带着情感上的理解和包容,使听者心理上容易接受,更能虚心地采纳领导的批评意见;第二种说法,从语气上、用词上增添了更强的讽刺意味,而且语义比较含糊,没有明确指出下属的问题在于经验不足,所以会对听者造成理解和情绪的双重干扰。

其实领导的两种说法的目的都是指出这次差错的原因,对于听者来说,重要的不仅是心理上容易接受领导批评,更是获取领导有关处理这次差错的意见,以便采取进一步的行动,这才是沟通目的所在。

2.自我认知干扰

自我认知干扰是认为自己比别人强。许多人在听别人讲话时,有时会觉得自己在这方面比较有经验,认为别人讲的不那么值得听,因而拒绝接受别人传递过来的信息。以下是一对父子之间的谈话:

父亲:我像你这么大时已经工作五年了。

儿子:是的,可现在费用很高,工作更难找。

父亲:我那时候是经济困难时期,工作根本找不到。

儿子:可现在竞争激烈,情况也不是那么好。

父亲:我看你一辈子都在晃荡,你不知道什么是真正的工作。我们那个时候,小孩子得干很多的活才能得到一点点的报酬。

父亲总是觉得自己比儿子强,根本不让儿子解释他目前的状况。即使儿子解释了为什么找不到工作,父亲也听不进去。父亲的这种态度使得交流非常困难。

(四)避免激动情绪的干扰

大多数人在非常情绪化的时候无法做到主动倾听,这些干扰的情绪包括因疲劳产生的烦躁感、极度焦虑、悲痛、兴奋或听到负面的信息,如坏消息或遭到批评等产生的激动情绪等。在这样的情况下,人们的注意力难以集中,激动的情绪会干扰主动倾听。所以,良好的倾听氛围更重要的是听者平稳冷静的心理状态。

学习行动

活动一:角色体验

请两位学生扮演小品剧中的人物。

场景:主任办公室

人物:中年女主任 年轻女职员小玲

主任:(面对小玲)小玲,广告部经理告诉我,他让你加班写一份广告词,他说你写得不错呢!

小玲:(满心欢喜地)是啊,我很乐意做这件事。

主任:(低下头写文件)我是怕这种跨部门的事给你增加负担,你不会介意吧?

小玲:(有点不好意思)没关系,我在上夜校的广告班,正好可以用来做练习。我想……

主任:(打断她的话)哦,你的计算机好用吗?(继续低头写文件)

小玲:(轻轻地皱了一下眉头)很好。

主任:对不起。(拿起电话)小张吗,请你告诉老李,过一会我要和他谈谈。

主任:(转向小玲看一眼后又低下头)现在,谈谈你的想法。

小玲:我……我一直想……(看见主任正在摆弄圆珠笔,便不说了)
主任:(还在摆弄圆珠笔)你说吧,我听着呢。
小玲:(无奈地)广告班毕业后我想调到广告部去,因为……
主任:(又低头写起来)哦,这个嘛……我们正在考虑让你去学习,但不知你对什么感兴趣?或许……
小玲:(哭丧着脸)我想……
主任:(边写边说)到时候再说吧!(继续低头写)你想一想再来告诉我。
小玲:(百般无奈地搓手,竭力控制自己)……
演出后,分析和回答问题:
剧中的女主任和职员谈话时,有哪些不正确的"听"的行为?

活动二:复述训练

听老师讲一个故事或者读一篇文章,学生做以下事情:
1.根据记忆,写出这个故事或这篇文章的大意。
2.写出这个故事或者这篇文章的主题思想、为主题思想服务的支持性材料。
3.让学员自愿上台复述,大家分组给予评价。
4.可以小组讲、大组讲,尽可能给学员们发言的机会。

活动三:心理辅导模拟训练

分小组,每个学员轮流抱怨一些困扰自己的事情,事情可大可小。要求其他学员做到:
1.在有限的范围内同意对方的观点。
2.复述对方刚才说的话。
3.说出一种推断(澄清的方式)来鼓励对方更多地表达。
4.注意确认一下话语后面隐藏的情绪。

学习评估

一、理解知识,回答以下问题:

1.为什么说主动倾听是沟通的润滑剂和刺激剂?
2.主动倾听的要点有哪些?
3.误解是怎样产生的?谈谈自己曾经有过的倾听误解的经历,分析产生的原因是什么。

4.为什么说倾听是一项难度很大的事？

二、自我评估

回答表中的20个问题，如实讲自己的答案与后面的5类状况对应打√，并计算自己的得分，评估自己倾听能力的状况。

类别	问　　题	几乎都是	常常	偶尔	很少	几乎从不
态度	1.你喜欢听别人说话吗？	5	4	3	2	1
	2.你会鼓励别人说话吗？	5	4	3	2	1
	3.你不喜欢的人在说话时，你也注意听吗？	5	4	3	2	1
	4.无论说话人是男是女，年长年幼，你都注意听吗？	5	4	3	2	1
	5.朋友、熟人、陌生人说话时，你都注意听吗？	5	4	3	2	1
行为	6.你是否会努力防止自己目中无人或心不在焉？	5	4	3	2	1
	7.你是否注视说话者？	5	4	3	2	1
	8.你是否忽略足以使你分心的事物？	5	4	3	2	1
	9.你是否用微笑、点头以及其他不同的方式鼓励他人说话？	5	4	3	2	1
	10.你是否深入考虑说话人所说的话？	5	4	3	2	1
	11.你是否让说话者说完他的话？	5	4	3	2	1
	12.你是否试着指出他为何说那些话？	5	4	3	2	1
	13.你是否试着指出说话者所说的意思？	5	4	3	2	1
	14.当说话者在犹豫时，你是否鼓励他继续说下去？	5	4	3	2	1
	15.你是否重述他的话，弄清楚后再发问？	5	4	3	2	1
	16.在说话者讲完前，你是否避免批评他？	5	4	3	2	1
	17.无论说话者的态度和用词如何，你是否都注意倾听？	5	4	3	2	1
	18.若你事先知道说话者要说什么，你也会注意听吗？	5	4	3	2	1
	19.你是否询问说话者有关他所用字词的意思？	5	4	3	2	1
	20.为了请他更完整解释他的意见，你是否询问？	5	4	3	2	1

将得分加起来,如果你是——
(1)90～100分,你是一个优秀的倾听者。
(2)80～89分,你是一个很好的倾听者。
(3)60～79分,你是一个正在改进、尚算良好的倾听者。
(4)60分以下,在有效倾听方面,你确实需要再改进。

延伸思考

一、演练题

【演练1】进行下列精神集中训练:

准备一张录有大自然声音,如风吹、鸟鸣、海啸、松涛等的磁带或CD,躺在床上,闭上眼睛,关掉灯,然后开始播放,听完后半小时之内不要动,第二天把前一天的感受记下来。

提示:开始练习时要在绝对安静的环境中听。一段时间后,逐渐在越来越嘈杂的环境中听,如果依旧能够清晰地分辨出其中的每一个音符,那么,你将成为一个倾听的高手。

【演练2】进行情绪控制和有效反馈训练,设计一场辩论赛,让学生在辩论中以平静的情绪,倾听对方的观点和依据,并给予有效的反驳。

【演练3】某高校计划在圣诞节当天举行校园供需见面会,辅导员李老师负责联系一些企业到学校来面试毕业生,为学生们争取更多的就业机会。现在李老师正在和漳州九江五金化工有限公司的赵总打电话,想邀请该公司参加这次供需见面会,以下是两人的电话对话:

李老师:赵总您好,我是××学院的辅导员李老师,请问您愿意来我校参加校园供需见面会吗?

赵总:谢谢李老师,我们公司的确需要大量新员工。我们公司这几年发展速度迅猛,已经在全国成立了五个分公司,产品远销欧美市场,年销售额高达60个亿,已经成为我省五金化工行业的龙头老大。

思考:

李老师打电话的表达有什么问题?赵总的反馈有什么问题?此时李老师应该如何继续这次谈话才能达到沟通目的?

二、补充案例(教师可设计问题,供学生学习分析)

【案例1】在新泽西,沃顿先生在一家百货商店买了一套衣服。这套衣服令人失望:上衣褪色,把他的衬衫领子都弄黑了。

后来，他将这套衣服带回该店，找到卖给他衣服的售货员，告诉他事情的原委。他想诉说此事的经过，但被店员打断了。"我们已经卖出了数千套这种衣服，"这位售货员反驳说，"你还是第一个来挑剔的人"。

正在激烈争辩的时候，另外一个售货员加入了。"所有黑色衣服起初都要褪一点颜色，"他说，"那是没有办法的，这种价钱的衣服就是如此，那是颜料的关系"。

"这时我简直气得起火，"沃顿先生愤怒起来，正要骂他们，突然间经理踱了过来，他懂得他的职责。正是他使我的态度完全改变了。他将一个愤怒的人，变成了一位满意的顾客。他静听我从头至尾讲我的经过，不说一个字。当我说完的时候，售货员们又开始要插话发表他们的意见，但这位经理不只指出我的领子是明显地为衣服所污染，并且坚持说，不能使人满意的东西，就不应由店里出售。接着他承认他不知道毛病的原因，并率直地对我说："你要我如何处理这套衣服呢？你说什么，我可照办。"我说："我只要你的建议，我要知道这种情形是否只是暂时的，是否有什么办法解决。"

他建议我对这套衣服再试一个星期。"如果到那时仍不满意，""请您拿来换一套满意的。让你如此不方便，我们感到非常抱歉。"

我满意地走出了这家商店。到一星期后这件衣服确实没有毛病。我对那家商店的信任也就完全恢复了。

请分析：

1.两位售货员对沃顿先生的反馈合适吗？存在什么问题？

2.李经理倾听和反馈的成功之处在哪里？

【案例2】小丽是一位20岁的记者，刚工作不久，一次她采访一位六十几岁的老奶奶，老奶奶介绍正兴致勃勃地介绍她家的三层小洋楼是如何盖起来的，老人说："我们年轻的时候，工资很少，家里很困难，在盖这座楼时，为了省下请工人搬砖头的费用，我和我老公就利用下班时间，自己搬砖头，终于有一天，我因为睡眠不足，累倒在工地上，额头磕在砖头上，眉毛上就留下一道疤痕。"老奶奶说着，用手拨开刘海，眉毛上方出现一道淡淡的伤疤。小丽一看连忙说："老奶奶，您那道疤痕已经看不清楚了，不影响的外观的！"

思考：

请问小丽的反馈是否准确恰当？她听懂老奶奶的话了吗？应该如何反馈？

【案例3】在中日外交史上，周恩来与日本前首相田中角荣有一次关于"麻烦"的论争。

田中：过去几十年，日中关系经历了不幸的过程，其间我国给中国国民添了很大的麻烦，我对此再次表示深切的反省之意。

周恩来反问：你对日本给中国造成的损害怎么理解？

田中：那是事实，没有反驳的余地。给您添了麻烦这句日语不像你们解释得那么轻，我是诚心诚意地表达自己赔罪的心情。这是不加修饰的，很自然地发自日本人内心的声音。给你们添了麻烦的是我们，我认为前来赔罪是理所当然的，所以尽管自民党内有人反对，我还是来到北京。

请分析：

1.田中首相的表达存在什么问题？

2.周总理的倾听与反馈有什么值得我们学习的地方？

3.田中首相最后一段话运用什么倾听技巧,效果如何?

【案例4】 下面是一位心理辅导老师对一个学生进行心理辅导的例子。

王红红,女,某职高学生。"我感到自己是全班最自卑的人。"这是王红红见到老师说的第一句话,老师细细地咀嚼着她这句话的意思,等待她做出进一步的解释。

"真的,我不知道怎样才能讲得清我此刻的心情。"王红红接着说:"我自己长得不好看,我很自卑。在班上男同学、女同学都用一种轻视的眼光看我,当我语文作文写得好,老师表扬,让我在班上宣读时,下面就有人窃窃私语地说些难听的话,'这个作文是她写的吗?''我看是别人帮写的吧?'当我拾金不昧,做了好事不留名,后来失者通过其他渠道将感谢信送到学校,我受到学校表彰,上台领奖,下面却有人说道,'她怎么也能上台领奖,为什么这样的好事都给她遇上。'我听了心里很不好受,难道我就不能与别人一样生活吗?'我就低人一等吗?'"

说着,王红红忍不住淌出泪来,她用手捂着脸,鼻子一抽一抽的。老师连忙给她递上纸巾,轻声说道:"别着急,慢慢讲。"她仍饮泣不止,双眉紧锁,一直擦着眼泪。趁这工夫,老师仔细端详了她。身材瘦小,穿着很宽松的校服,显得有些发育不良似的,她的脸瘦长瘦长的,布满了粉刺,她皮肤颇为粗糙,头发有些蓬乱,她的神态显得很疲倦,眼圈略有些发黑,表明她连日来睡眠不足。凭直觉,老师感到王红红是那种对自我十分敏感的人。

老师说:"王红红,你现在真是活得很辛苦,我非常理解你此刻的苦闷心情,我想如果我面临你现在的处境,我也会感觉很不好受的。"听了这句话,王红红紧锁的眉头在渐渐地舒展,同时,老师还肯定了她来寻求心理咨询的举动。"当一个人面临如此巨大的精神压力时,他也需要得到专业人员的帮助,以更快、更有效地摆脱精神压抑,重振起来……"老师又说:"相貌不代表一切,心灵美才是最重要的。你认真学习、品德优良,这是最重要的一点,是你自己的骄傲,你应该为此而自豪。不管别人怎么说,你学会向自我挑战,向自卑挑战。"

请分析这位心理辅导老师运用了哪些倾听技巧?有什么效果?

【案例5】 某服装推销员长期从事流行服装的推销工作,在推销过程中,经常碰到一些顾客提出各种不同的意见。例如,有一次在向一位女青年推销一种新款时装时,顾客却提出该款时装的颜色过时了。推销员回答说:"小姐,您的记忆力的确很好,这种颜色几年前已经流行过了,我想您是知道的,服装的潮流是轮回的,如今又有了这种颜色回潮的迹象。"从而轻松地化解了顾客的反对意见,取得了推销的成功。

请分析推销员化解女青年反对意见的是用什么倾听反馈技巧?

项目三 学会拜访

项目介绍

拜访是交流感情、沟通信息、统一意见、解决事务的有效渠道。本项目主要探讨拜访的作用、拜访的基本原则、拜访的技巧以及在拜访中所要注意的事项。

学习目标

能掌握拜访的基本原则、方法和技巧,能熟练运用社交礼仪的相关知识,最终达到预期的拜访目的。

学习导入

李梅参加暑期大学生社会实践。今天,她要去采访一位企业家。电话预约后,来到那家公司,秘书小姐请她在办公室里先坐一会儿,因为张总临时有个紧急会议。过了半个多小时,门推开了,门口出现了张总略带疲惫的脸。李梅马上站起身来,微笑着说:"你好,张总。真是非常感谢你能在百忙之中接受我的拜访。""不用客气,请坐。"坐定之后。李梅又诚恳地说:"说实在的,我刚才心里还有点忐忑。见到张总这么忙,真有点担心你无暇顾及我的这件小事,而且您工作这么辛苦,我占用了您宝贵的时间,实在是不好意思。""哪里的话,约好的事情,我一定会做到的。"

"是呀,从张总的身上我能看到贵公司重实守信的形象。"听到李梅这句真挚的赞扬,张总爽朗地笑起来,刚刚的疲惫一扫而空。接下来,双方的交谈显得既轻松又愉快,一个小时很快就过去了。临别时,李梅又向张总致谢:"今天采访进行得这么顺利,我要谢谢张总的配合。而且张总平易近人的言谈,努力开拓、求实创业的精神给我留下了深刻的印象,更让我感受到了你们企业蓬勃向上的活力和风采。回去我一定把这篇报道好好地写出来,让更多的人以您为榜样,从你们成功的事迹中得到激励。如果我毕业后能有机会来贵公司工作,成为贵公司的一员,那将是我莫大的荣幸。"

请分析:李梅运用了哪些拜访技巧,达到什么效果?

学习准备

一、拜访作用

拜访,又称拜见、拜会,它一般是指前往他人的工作地点或私人居所会晤对方、探望对方,或是与之进行的接触。不论在公务交往还是私人交往中,拜访都是人们习以为常的一种社交方式。

在我们的生活当中,许多事情都需要当事双方面对面的互相交流才能加深了解、消除疑虑、达成共识。拜访是一种创造交流机会的有效途径,也是交流感情、沟通信息、统一意见、解决事务的有效渠道,一次成功的拜访将会给你带来意外的收获,也为你树立良好的社交形象提供了机遇。

二、拜访的基本原则

(一)选择合适的拜访时间和地点

不能只在"有求于人"时才想到拜访,而应该多站在交际对方的角度考虑一些问题,使拜访经常化。当你知道对方迫切需要物质帮助或精神扶助时,能急对方之所急,想对方之所需,及时登门帮助分析原因、解决问题,从长远来看,无疑是最佳的拜访时机。与此相反,那种"有事常登门,无事不见影"的拜访是不受欢迎的,结果也是不太好的。

在具体的时间选择上,最好是双方比较方便的时间。到写字楼拜访,最好不要选择星期一,因为新的一周刚开始,往往是大家最忙的时候。还必须了解单位的作息制度,尽可能避开对方工作高峰时间或午休下班时间。如果是到个人私宅拜访,最好选择在节假日前夕。由于中国人普遍有午休习惯,登门时间最好不要安排在中午。从我国目前的实际情况看,晚上7点至8点,也许是到家拜访的较好时机。尤其值得注意的是,如果不是对方请你赴宴的话,选择拜访时机无论如何应尽量避开对方的用餐时间。在拜访过程中,应增强时间观念,拜访时间不宜过长。

在选择地点上,要尽量遵循"客随主便"的原则。

(二)要了解拜访对象

世界上没有两片完全相同的树叶,同样,我们拜访的对象也各属不同的类型。他们的年龄、民族、文化程度、职业、宗教信仰、家庭成员、经济收入、价值观念,乃至性格爱好、行为方式都不相同,这些需要事先了解清楚。如果了解不够,面谈时就不会得心应手,甚至会冒犯对方的忌讳,引起对方的不满,最终影响拜访效果。因此,拜访者可以通过自己的观察,根据朋友、他人的介绍,或从有关资料中了解情况,分析拜访对象的"特点",切实制订面谈的策略,从而增强拜访的信心。

(三)拜访前要修饰自身形象

不修边幅的人难以获得别人的尊重。因此,出门拜访之前,应根据访问的对象、目的等,对着镜子将自己的衣饰、容颜适当修饰一下。衣帽应整洁,因为蓬头垢面、衣冠不整的形象不但会给别人不愉快的感觉,而且也是不尊重主人的表现。

三、拜访的技巧

(一)说好称呼语

1.原则

(1)礼貌原则

这是人际称呼的基本原则之一。常用的尊称有:"您"——您好、请您……;"贵":——贵姓、贵公司、贵方、贵校、贵体……;"大"——尊姓大名、大作……;"高"——高寿、高见……;"尊"——尊口、尊夫人……

(2)尊崇原则

一般来说,汉族人有从大、从老、从高的心态。如对同龄人,你可称呼对方为哥、姐;对既可称"爷爷"又可称"伯伯"的长者,以称"爷爷"为宜;对副科长、副处长等,也可直接以正职相称。

(3)适度原则

要视交际对象、场合、当地社交习惯、双方的关系等选择恰当的称呼。如称青年女性为"小姐",在改革开放初期,因受港台的影响,这个称呼很时尚、流行,但是现在由于"小姐"有了特殊的含义,再称呼青年女性为"小姐"要慎重。

2.称呼方式

一般在正式场合的称呼,应注重身份、职务、职称等;在非正式场合,则可以以辈分、姓名等称呼。在涉外活动中,按照国际通行的称呼惯例,对成年男子称先生,对已婚女子称夫人、太太,对未婚女子称小姐,对年长但不明婚姻状况的女子或职业女性称女士。这些称呼均可冠以姓名、职称、职业等。如"布莱克先生""上校先生""护士小姐"。对部长以上的官方人士,一般可以称"阁下",如"部长阁下""总统先生阁下"。但在美国、墨西哥、德国等没有称"阁下"的习惯,在这些国家里的人士,可以称"先生"。外国人一般不用行政职务称呼别人,不称"某某局长""某某校长""某某经理"等。

如果在同一场合有很多人,就应按一定顺序打招呼。如群体中有长辈、年轻人或异性,打招呼的顺序应是先长后幼、先上后下、先女后男、先陌生人后熟识人。称呼是否得体,能反映出说话人的道德修养、知识水平和文明程度,也能充分体现出说话人的社交能力和交往技巧。

1972年周恩来总理在欢迎美国总统尼克松的招待会上这样称呼:"总统先生,尼克松夫人,女士们,先生们,同志们,朋友们!"这种称谓客气、周到而又出言有序,体现出了总理外交家的风度,给人们留下了深刻的印象,是我们学习的典范。

(二)做好自我介绍

自我介绍实际上是一种自我推销,它能给别人留下第一印象。自我介绍的目的是让别人了解自己,努力搭起自己与陌生人之间相互沟通、相互信任的桥梁。自我介绍要注意镇定自信、繁简得当,把握好分寸,要讲真心话,勇于袒露自己,诚恳而又热情,使对方产生信任感和亲切感,使对方感受到自己的友善与随和,从而愿意接近我们,与我们深入交往。

1.自我介绍时要自然亲切、谦虚求实、主动热情

上海解放以后,陈毅以市长兼军管会主任的身份第一次和上海文化人见面,他对自己的生活历程作了一番袒露,迅速赢得了上海文化教育界人士的信任、推崇和亲近。他是这样介绍自己的:

"我这个共产党人不是天生的,我也算是知识分子出身。我翻译过波特莱尔的诗,写过小说诗文。我个人的改变就经历了三个阶段。开始是地主出身,封建家庭,信孔夫子那一套。后来接触了新思想,改信了'德先生''赛先生',变成了资产阶级民主主义者,这是第二阶段。最后从法国勤工俭学回来,经过了矛盾、消沉、碰壁,才选择了革命道路,确立了共产主义信仰。这几步我走得都不容易,有别人推动,也有环境的逼迫。诸位朋友们,将来我还愿意与你们一道,继续走思想改造的道路。"

显然,陈毅的此番介绍之所以获得成功,就在于他敢向广大上海文化界人士披露心迹。如果我们敢于在别人面前剖析自己,事实上就是将对方当作了朋友,对方因而容易与我们取得情感上的沟通。

骄傲自大就像刺猬的针刺一样让人敬而远之,虚伪的浮夸更无法得到别人的信任,因此,我们在自我介绍时要有谦虚求实的精神,谦虚能体现自己的良好修养和对对方的尊重,实事求是能向对方展示真实的自我,从而赢得对方的信任。

2.自我介绍的语言清晰、准确、有礼,可配合名片

自我介绍经常是口头介绍,因此口齿要清楚,语言要明晰准确,切忌含糊不清、模棱两可。姓名中容易弄错的字、不好写的字、生僻的字,都应该加以必要的说明。

如"张"和"章"同音,介绍时就应该说明是"弯弓张"还是"立早章"。又如"翀"字不常用,就应该做出解释:"不是冲锋的'冲',而是羽毛的'羽'字右边加一个中国的'中'字。"这样的话,就能让人理解和正确地记忆,而不会留下疑团。

3.自我介绍要注意简繁得当

自我介绍的内容有三大要素:本人姓名的全称、本人供职的单位、本人的职务。由于人际交往的目的不同,交谈的要求不一样,所以自我介绍的繁简程度也要有所区别,应当因人因事制宜。在有些情况下(如联系日常工作),对方不一定有多大的兴趣来深入了解我们,因此,我们只需要简明扼要地介绍自己的姓名、身份和前来的目的,令对方便于称呼、知晓来意即可。

而在另外一些情况下,如果双方都想互相认识、了解,则可以突破"三要素"的局限,主动、较全面地进行自我介绍,恰当地自我剖析,有选择性地介绍自己的籍贯、学历、经历、性格、思想、特长、能力、兴趣以及与某人的关系等等,使对方对自己有一个全面、概括的认

识,并给对方以踏实可信、坦诚真实的感觉,为进一步的交流打好基础。

比如,第一次参加某方面的研讨会,你站起来说:"我叫××,我来发个言。"此时在场的人一定会这么想:这是什么人?怎么从来没见过?他代表哪方面?他的意见值得听吗?所以,面对有这么多想法的听众,你只介绍"我叫××"是不够的,别人不会安心听你的发言。如果你理解了听众的心理,就可以这样介绍:"我叫××,是××公司的经理,我是第一次参加这样的研讨会,望大家多多指教。现在我就这个问题谈谈自己的看法……"这样的介绍,才能提供足够的信息,让听众了解你,安心听你发言。

再举个例子,《西厢记》里,这张生和崔莺莺一见钟情,他想通过红娘去传递一些信息,他见到红娘是怎么说的呢?"小生姓张名珙,字君瑞,本贯西洛人也,年方二十三岁,并不曾婚娶。"红娘听了以后说:"谁问你那么多了?"张生不看对象,不管红娘对他感不感兴趣,过于烦琐地介绍自己的信息,使自己陷入尴尬的境地。

同样的错误也发生在《三国演义》中,刘备见到了诸葛亮看门的小孩子怎么说的呢,"汉左将军宜城亭侯领豫州牧皇叔刘备特来拜见先生",把他所有头衔都说出来,那小孩回答说"我记不住那么多"。

4.有效地利用共有的资源

在自我介绍之前,应该对沟通对象有所了解,尽量寻找双方的共同点,以便在自我介绍时能提及你与对方的共有资源,如共同认识的朋友、共同参与的事件、协会、比赛(如果对方在比赛中失利,最好不提),共同的兴趣爱好,共同的家乡,共同的求学或供职经历。

举个例子,"我的名字叫钟林,是盛大公司的公关部经理。5年前,我和您夫人是大学同学。"这段自我介绍中,"我"提及与对方共同认识的朋友,会拉近两个人的心理距离;再举个例子,"何先生,我是李强,永鑫公司的业务员,您的好友张安平先生要我来找您,他认为您可能对我们的印刷机械感兴趣,因为,这些产品为他的公司带来很多好处与方便。"这位业务员通过提及有影响力的第三人,来向客户推介自己,因为每个人都有"不看僧面看佛面"的心理,所以,大多数人对亲友介绍来的销售员都很客气。打着别人的旗号来推介自己的方法,虽然很管用,但要注意,一定要确有其人其事,绝不可能自己杜撰,要不然,客户一旦查对起来,就要露出马脚了。所以为了取信客户,若能出示引荐人的名片或介绍信,效果更佳。

5.采用活泼多样的自我介绍方式

可根据不同的场合,采用灵活多样的自我介绍方式,如幽默风趣的语言等。

请看这则自我介绍的例子:牛啥呀,当个小官儿就不知道咋地啦,告诉你,今儿个碰到我了,我让你上你就上,让你下你就下,信不?瞪啥眼珠子呀,说个笑话也生气呀,你不知道我是开电梯的呀?这种自我调侃的方式会不会使你对他印象深刻?

再比如,有个语文老师叫麻明熙,新到一个高中班上课,他这样开头:

"在介绍我的姓名前,要先介绍我的'上司'。'上司'不是别人,就是管我的那位——我的爱人。(众笑)她在上大学时和同学起了个什么诗社。一次她在吟诗咏句中,刻薄地取笑了诗友,大家不饶她非罚不可。一位诗姐说:将来必罚'嫁麻面多须郎'。后来工作中遇到了我。大家看,我腮帮上多须,虽不麻面,但姓麻。'明'与'面'谐音,'熙'与'须'谐音,缘分所定,不正是嫁我麻明熙么?!"

一席风趣的话,说得大家哄堂大笑。这笑声驱散了彼此陌生的紧张心理,创造了轻松活泼的课堂气氛。这正是麻老师要达到的开讲语文的目的。

(三)说好寒暄语

寒暄是人们交际的媒触和契机,是人们初次见面时的应酬话。寒暄语是人们交谈的开始,它是人们为了正式的交谈所进行的一种感情铺垫。好的寒暄可以为下面的交谈创造一个好的氛围,它是交谈双方沟通感情所必不可少的桥梁。

寒暄语常常由称呼和应酬话两部分组成。如"张经理,您好,让您久等了。"拜访使用的寒暄语,有以下三种方式:

1.问候式

这种寒暄多由问候语组成。它可以由客人和主人根据不同的对象、不同的场合、不同的时间进行不同的问候。如过春节,就问:"过年好!"夏天就问:"热不热?"拜访教师就问:"课多吗?"等等。在大多数场合,一句"你(您)好",是最简单而实用的问候式寒暄,相形之下,这要比传统的"吃了吗?"或"今天天气……"之类更富于现代气息。如果觉得一句"你(您)好"过于一般化,就可以从对方的年龄、职业、家庭等角度出发,把问候式寒暄讲得具体一些。

2.夸赞式

抓住对方即时即地的"闪光点"盛赞对方。心理学家曾断言:能够使人们在平和的精神状态中度过幸福人生的最简单法则,就是给人以赞美。那么在寒暄中,我们不妨来点夸赞式,如"这房间布置得很漂亮……"夸赞式的寒暄极易创造一种愉快和谐的气氛。

如:"小钟,在哪儿买的连衣裙?真漂亮!"(对女性)"哟,换新发型了,果然精神多了!"(对女性)"瞧你,真是越活越年轻了!"(对中老年人)"这两天气色真好!"(对初愈的病人)"几个月不见,看你更苗条了"(对年轻妇女)"小伙子长得真精神!"(对朋友或同事的孩子)

3.言他式

言他式是指在交谈进入正题之前,先谈其他事物的寒暄方式。一般是对周围环境中不同寻常的地方,发表自己的感受和看法。比如谈谈天气情况,说说趣闻、新闻等等。这种寒暄方式应成为引入交谈正题的润滑剂。如"外面太阳真毒!"(在夏季)"下了雪马路真滑!"(在冬季)"这些楼真高!"(在城市)"又到麦收时节了。"(在农村)

(四)聊天的技巧

1.找出对方感兴趣的话题

聊天中,忌讳只谈"我",但如果谈的是"我"的开心愉快的事还好,因为开心可以感染别人,最忌讳主动谈"我"的烦恼,发牢骚,因为这些令人扫兴的话题会引起别人的不快。如丘吉尔就认为孩子是不宜老挂在嘴边的话题。

2.以提问的方式引导别人进入交谈

在聊天中,只要问一些需要回答的话,谈话就能持续下去。

但是如果你只问:"天气挺好的,是吧?"对方用一句话就可以回答了:"是啊,天气真不错!"这样,谈话也就进行不下去了。

如果你想让你的谈话对象开口畅谈,不妨用下列问句来引导:"为什么会……""你认为怎样不能……""按你的想法,应该是……""你如何解释……""你能不能举个例子?"总之,"怎么做""结果是什么""为什么"是提问的三件法宝。

3. 留心倾听

谈话是沟通最直接的方式,但谈话的另外一面是倾听。没有倾听就没有真正的交谈,也就达不到真正沟通的目的。

尽是少插嘴,"打断别人说话是最无礼的行为"。不要用不相关的话题打断别人说话,不要用无意义的评论扰乱别人的谈话,不要抢着替别人说话,不要急于帮助别人读完故事,不要为争论鸡毛蒜皮的小事打断正题。总之,别轻易插嘴,除非那人讲话的时间拖得太长,他的话不再吸引人,甚至令人昏昏欲睡,已经引起大家的厌恶。这时,你打断他倒是做了一件仁慈的好事。

4. 不要谈忌讳的话题

一般不要涉及敏感话题,比如私生活(家庭生活、婚姻状况、宗教信仰等),询问女士的年龄、体重,主人的经济收入,物品购买的价格,别人的身体疾病或生理缺陷等等。

不要对陌生人夸耀你的个人生活,比如你的个人成就、财富、子女怎么了不起,不要在公共场合把朋友的缺点和失败当作谈话的资料,不要老是重复同样的话题,不要到处诉苦和发牢骚,诉苦和发牢骚并不是一种良好的争取同情的手段。

朋友之间开玩笑有"度"。朋友之间,熟人之间开开玩笑是免不了的。它不但可以活跃气氛、融洽关系、增进友谊,还可以使开玩笑的人具有幽默感。但是,凡事都有个"度",超越了这个"度",不但达不到预想的目的,还会弄巧成拙、适得其反,开玩笑也是如此。比如,在公众场合,说出朋友不愿意让人知道的绰号、秘密、糗事,都会让朋友下不来台,特别尴尬。

5. 即兴说些幽默话语

幽默的谈吐可以活跃气氛,使拜访充溢着欢快轻松的情调。

请看这个故事:女主人同客人正在会客厅交谈,女儿放学回家了,见到客人很乖地叫:"叔叔",客人随口称赞说:"现在你可以享清福了,女儿都这么大了。"而女主人却抱怨说:"我女儿可体贴我呢!我有成堆的衣服洗不完,她没有一天不跑出去玩。我真有福气。"客人忙说:"是啊,这是孩子心好,不愿在家看见妈妈受累。"听到这么新鲜的解释,女主人笑了。

类似这样幽默的谈吐不仅能吸引听者的注意力,而且还能与听者建立亲密的关系,在笑声中增进思想交流。

又比如,有一位男子到朋友家拜访,这家有一个两个多月的胖儿子。这位先生很热情地对孩子的父母赞美说:"好健康的小家伙,真可爱,将来肯定有出息,恭喜你们了。"可是主人并未露出高兴的表情,反而显得很失望,朋友告诉他:"其实,我一直想要个女儿的。"听了这话,客人知道自己的称赞没说到朋友的心坎上。不过他马上又对主人说:"没关系,等小孩子长大了,娶个漂亮孝顺的媳妇,你们不就等于有了一位可爱的女儿吗?"

交谈中一旦话不投机,不仅要善于说些幽默话活跃场上气氛,还要善于灵活地转换话题。

6. 记住别人的姓名

美国交际学家卡耐基说:"一个人的姓名是他自己最熟悉、最甜美、最妙不可言的声音。"在交际中,最明显、最简单、最重要、最能得到好感的方法,就是记住人家的名字。记住并准确地呼叫对方的姓名,会使人感到亲切,拉近陌生人之间的距离。

(五)重视告别语的运用

"再会"之类的告别语千篇一律,太俗太空,要努力设计能给对方留下深刻印象的告别语。如"祝您成功,恭候佳音!"——良好的祝愿会使对方受到鼓舞;"今天有幸结识您,愿从此常来常往!""今晚过得很开心!"——热情洋溢的语言会使对方受到感染。

四、拜访注意点

(1)应当入乡随俗。要尊重主人家的风俗、习惯,比如,到回族亲友家里,就不应带猪油等食品;有的人家进屋要换上拖鞋等。

(2)应该先按门铃或敲门。作客进门前,应该先按门铃或敲门,经主人允许,方可入门,切不可推门直入。进门后,对主人家中的人都应招呼并问候,对老人尤应主动,有小孩在场,应主动与孩子亲热。

(3)未经主人邀请不随意乱动。作客时,未经主人邀请不要提出参观主人的庭院和房间。有的人家不喜欢别人借阅书籍,如你不是特别熟悉的亲友,不要随便开口借书。

(4)要注意彬彬有礼。在作客过程中,要注意彬彬有礼,谈吐大方。对主人家的事,不要主动打听。谈话时间可根据情况而定,有话则长,无话则短,如果谈得热烈合拍,不妨多谈一会儿;如果主人反应冷漠,心不在焉,或者偷偷看表,则应知趣地及时告辞。

学习行动

活动一:讲座主持人模拟训练

假如你作为一场本系举办的古代文学讲座的主持人,讲座的主讲人是福州城市大学的教授、人文学院院长李××,他的研究方向:古代诗歌,现场还邀请本院院长蔡××、党委书记陈××,中文系主任陈××出席。

请你设计一段介绍词,介绍讲座的主讲人和本场讲座的主题。学生可自行补充一些内容,如人名、嘉宾背景资料、讲座主题。

活动二:拜访长辈(领导)训练

周翔快毕业了,爸爸想把他安排到朋友的工厂去上班。星期天,爸爸带周翔去登门拜访。看着眼前的李叔叔,或者说是李厂长,周翔怎样让自己的言谈给未来的领导留下一个良好的印象呢?

活动三：拜访陌生人训练

要求学生在公共场所认识陌生人，并与其进行一次有主题、有目的的交谈，最终把陌生人变成朋友，沟通过程既有信息的交流，又有感情的交流。并且能征得对方同意，交谈过程全程录像，对方和你都正面出现在镜头中。

学习评估

请完成下列拜访知识的自我评估：

1. 职场可以交谈的内容：（   ）
   A.国家机密　　　　B.私人话题　　　　C.谈论同事　　　　D.合同问题

2. 在拜访客户时，使用手机不规范的是：（   ）
   A.大声讲电话　　　B.不响　　　　　　C.不听　　　　　　D.不出去接手机

3. 交谈是一项很有技巧的商务活动形式，交谈得好会对商务活动有很大的促进作用，因此在商务活动中，你应该：（   ）
   A.在交谈中充分发挥你的能力，滔滔不绝
   B.在交谈中多向对方提问，越多越好，越彻底越好，以获得更多的商务信息
   C.在交谈中应表情自然，语气和蔼，可亲，要注意内容，注意避讳一些问题

4. 闲谈在商务活动中也是有技巧的，有的人可以从闲谈中获益，有的人则反之，这之中礼仪起了关键的作用，那么下列做法正确的是：（   ）
   A.闲谈中一定不要插话，那样显得不礼貌
   B.要多多赞美对方，人人都爱听好话
   C.无论对方出于何种意图，都不要拒绝或反驳对方以显你有风度
   D.虽是闲谈，也不要胡乱幽默，抬杠或是争执

5. 掌握好闲谈的机会并能恰当地谈论一些话题，会对自己和自己所代表的组织有着重要的作用。下面关于对闲谈的认识不正确的是：（   ）
   A.闲谈时可以无所不聊，不必有所禁忌，这样容易拉近彼此间的距离
   B.闲谈可以为自己和所代表的组织建立较广阔的商业关系网络
   C.闲聊时可以帮助双方营造一个融洽的商务环境

6. 闲谈时需要许多技巧，在此之中我们需要注意的是：（   ）
   A.亲朋好友之间可以谈一些办公室的有关公事，可以寻求解决途径
   B.在交谈时适时而恰当地提问是十分有用和必要的
   C.交谈时可以向对方推销自己的观点，不管对方是否认同

7. 了解别人的爱好，赞美别人的爱好，尊重别人的爱好，就会赢得别人的尊重与喜欢，甚至会促进商务活动的开展。下面关于了解赞美别人的爱好需要注意的是：（   ）

A.功劳大的要专门提出予以表扬,没有业绩的就要对其不理不睬

B.赞美的语气要发自内心,不要夸张,赞美的时候一定要专注

C.对同一个人,一定要将表扬和批评的话都放在一起,这样才更有效

8.恰当地提出和接受批评也是一门有用的学问,在提批评意见时需要注意的是:( )

A.在提出批评意见前一定要认真考虑是否需要提出该次批评

B.在提出批评意见时一定要一针见血,越严厉越好

C.责怪他当初为什么不听大家的劝告

9.当面对别人的不幸时,自己的言行更显得必要和注意礼仪。下面相关做法欠妥的是:( )

A.认真倾听当事人的诉说,应表示同情并尽自己全力帮忙

B.适当地安慰对方,心灵上的安慰是更大的帮助

C.一定要使自己的同类处境和表现得高人一等来减轻对方的痛苦

10.合理的称呼也能表现礼仪,下列称呼方式不正确的是:( )

A.应使用合理的称谓

B.当不知道对方性别时,不能乱写,可用职业称呼

C.很熟的朋友在商务场合可称小名或是昵称以示亲切,名字可缩写,姓不可以

11.名片是现代商务活动中必不可少的工具之一,有关它的礼仪当然不可忽视,下列做法正确的是:( )

A.为显示自己的身份,应尽可能多地把自己的头衔都印在名片上

B.为方便对方联系,名片上一定要有自己的私人联系方式

C.在用餐时,要利用好时机多发名片,以加强联系

D.接过名片时要马上看并读出来,再放到桌角以方便随时看

12.如何恰当地介绍别人是商务人员必备的礼仪技巧,能够正确地掌握先后次序是十分重要的。通常在介绍中,下面不符合正确礼仪的是:( )

A.首先将职位低的人介绍给职位高的人

B.首先将女性介绍给男性

C.首先将年轻者介绍给年长者

13.在拜访别人办公室的时候,你应该:( )

A.敲门示意,征得允许后再进入   B.推门而入,再作自我介绍

C.直接闯入,不拘小节

14.作为一个年轻的女毕业生,在处理与同一个办公室的男同事的关系上,你应该:( )

A.刚来的时候一定要少与之交谈,以免让人产生轻浮之意

B.对同事都要友好,显得彼此间无所不谈,千方百计搞好同事关系

C.保持空间距离,交谈时要注意用语,保持随和,不要过于随便

15.在办公室里,如果你和一位同事产生了一些小摩擦,那么你应该:( )

A.当面装作风平浪静,私下四处说人不是,一吐为快

B.私下与之面谈商量,争取双方关系正常化,以和为贵

C.不理不睬,见面也不说话打招呼,形如陌路

16.办公室礼仪中打招呼显得尤为重要和突出,在职员对上司的称呼上,应该注意：（　　）

A.称其头衔以示尊重,即使上司表示可以用名字,昵称相称呼,也只能局限于公司内部

B.如果上司表示可以用姓名,昵称相称呼,就可以这样做以显得亲切

C.随便称呼什么都可以

17.参加日本人的婚礼时,有人送了一束白色的百合花,你觉得这种做法：（　　）

A.符合礼仪规范,因为白色百合花代表百年好合,爱情纯洁美好

B.不符合礼仪规范,因为在日本百合花只有在丧事时使用

C.如果换成其他颜色或搭配一些其他类型祝愿类花就会更好

18.在商务交往中,尤其应注意使用称呼应该：（　　）

A.就低不就高　　　B.就高不就低　　　C.适中　　　D.以上都不对

19.以下哪个不是交际交往中宜选的话题：（　　）

A.格调高雅的话题　　　　　　　　B.哲学、历史话题

C.对方擅长的话题　　　　　　　　D.时尚流行的话题

20.自我介绍应注意的是：（　　）

A.先介绍再递名片

B.初次见面介绍不宜超过5分钟

C.先让对方做完自我介绍,自己再介绍

D.拜访客户时,简要的自我介绍应该包括：单位、姓名、职务、拜访目的

延伸思考

一、演练题

(一)拜访的练习

【演练1】利用星期天去拜访你的一位久未联系的年长的朋友或老师。除了礼节性的目的外,最好想好一个副目的。拜访归来,请对拜访情况作反思评价。

【演练2】你去拜访一位名人。进屋之后发现主人家喂了一条小猫。请以此为话题,设计一场2分钟左右的谈话。

【演练3】案例3中的小A上门推销,看到了怀抱婴儿的客户,这时她怎么称呼客户,最能赢得客户的信任和好感?

【演练4】刚工作不久的曾晨去同事家请教工作经验,却发现思事对他的到来不太欢

迎,给他倒杯茶后只顾自己看起电视来。曾晨该如何打破冷场呢?

【演练5】李宇是金星汽车特约维修中心的客户经理,最近一段时间,他通过电话回访进行客户满意度的调查。以下是李宇和客户的谈话内容:

"是王刚吗?"

"我是,哪位?"

"我是金星汽车特约维修中心的。"

"有事吗?"

"是这样,我们在做一个客户满意度的调查,想听听您的意见?"

"我现在不太方便。"

"没有关系,用不了您多长时间。"

"我现在还在睡觉,您晚点打过来好吗?"

"我待会也要出去啊,再说这都几点了,您还睡觉啊,这个习惯可不好啊,我得提醒您。"

"我用得着你提醒吗?你两小时后再打过来。"

"您还是现在听我说吧,这对您很重要,要不然您可别怪我。"客户挂断。

请分析李宇的电话拜访存在什么问题?

(二)介绍的练习

【演练6】如果你被邀请参加一次轻松的联谊活动,你将如何自我介绍?

【演练7】当同学到你家拜访,你如何介绍同学与父母认识?当你和妻子在一起,遇到同事,你如何介绍同事与妻子认识?请三个同学为一组,上台表演。

【演练8】当你是一个聚会的主人,你如何介绍两个互不相识的客人认识,使他们能在你离开时能继续沟通下去。

二、补充案例(教师可设计问题,供学生学习分析)

(一)自我介绍案例

【案例1】有一位老师在给新生上第一堂课的时候说:"我叫张来富,我父亲大概希望我给家里带来财富才给我取了这样一个名字。但是很遗憾,我这个穷教书匠到现在还是两袖空空。不过,从另一方面来说,我又是很富有的,从事教育工作30多年,我的学生遍布五湖四海,有的当了市长,有的做了经理,还有很多是科研人员、技术工作者,他们为国家创造了大量的财富。我对此感到很欣慰、很自豪。希望大家努力学习,也能像你们的师兄师姐们一样,为家乡、为祖国创造更多的财富!这样我也算没有辜负父母亲的期望了,虽然我没给他们带来财富!"

【案例2】你别看我挣得不多,模样也一般,就我这小样儿还挺撩人呢,很多人刚一见我面,就被我的形象和气质迷倒了!你说我吹呀,这事我吹啥,不信你打听打听,作为麻醉师,在我们医院手术室,我亲自迷倒了多少人!

【案例3】你问我是干啥的呀,别急,听听就知道了,我常常以某个人犯错误为由把另一个毫不知情的人调过来教训一番,说起我教训过的人那可真不少,大到厂长经理,小到科长处员,要是赶巧了,训个大牌明星也是常有的事,你说我吹牛啊,跟你说吧,只要我认为必要,一个电话,不论他们身在何处,哪怕只有万分之一的可能,他们都会匆匆赶来受训!你说啥?我在公检法工作?没那么严肃,猜不着了吧,算了,我也该上课去了,作为班主任,学生犯了错误,把家长找到学校来,说几句还不行啊!

(二)拜访交谈的案例

【案例4】大学生小A勤工俭学,找到了一份推销工作。这天,她对一位客户进行电话预约。客户说:"我很忙,恐怕没时间接待你。"见到这位客户时,小A明白了这是为什么。因为客户手上抱着一个一岁大的婴儿。小A马上就绽开了笑容:"哇,好可爱的宝宝啊,让我来抱抱,好吗?""你会抱吗?""会呀,我姐姐的孩子也才一岁多,平时我经常抱她的。哎哟,真漂亮,又白又胖。"接下来,小A就和客户聊起了孩子的话题,吃什么奶粉,睡得怎么样,尿布用的是什么牌子,原本说自己没多少时间接待的客户也打开了话匣子。两人越聊越有兴致,一直谈到客户怀孕时吃的是什么补品和产后恢复的状况。最后小A很自然地提到:"有个孩子是件很高兴的事,不过也很累人吧。我看我姐姐洗小孩衣服就洗得够呛。我们公司有些新推出的洗涤用品,去污效果不错,而且是无磷配方,不伤皮肤,洗宝宝的衣服又安全又快捷。我姐姐用了觉得挺好,你要来些试试吗?"客户稍加考虑,就很愉快地付了款。

【案例5】多年前,有一个从荷兰移居来美的贫苦儿童,在学校下课后,为一家面包店擦窗,每星期赚半美元。他家非常贫寒,他平常每天到街上用篮子捡拾煤车送煤时落在沟渠里的碎煤块。那个孩子叫伯克,一生仅受过6年的学校教育,但最后他竟成为美国新闻界一个最成功的杂志编辑。他是怎么成功的?那说来话长,但他是如何开始的,我们还是可以简单地叙述。因为他正是利用本章所提出的原则作为他的开端。

他13岁离开学校,充任西联的童役,每星期工资6.25美元。但他时时刻刻都未放弃寻求教育的意念。不但如此,他还进行自我教育。他把他不坐车、不吃午饭的钱省下积攒起来,直到足够买一部《美国名人传全书》——以后他还做了一件人们从未听说过的事情。

他读罢名人传记,写信给他们,请他们寄来有关他们童年时代的补充材料。他是一个善于静听的人。他鼓励名人讲述自己的故事。他写信给当时正在竞选总统的加菲尔德大将,问他是否确曾一度在一条运河上做拉船童工,而加菲尔德也复信给了他。他写信给格兰特将军,询问某一战役,格兰特给了一位14岁的孩子一张地图并邀请他吃晚饭,还和他谈了一整夜。

他还写信给爱默生并鼓励爱默生讲述他自己的事情。这位为西联送信的小孩不久便和全美最著名的人士通上了信:爱默生、勃罗克、山姆士、朗费罗、林肯夫人、爱尔各德、秀门将军及戴维斯。

他不只与这些名人通信,还在他们假期的时候去拜访过他们中间的好多位,成为他们家里受欢迎的客人。这种经历,使他产生了无价的自信心。这些名人激发了他的理想与志向,改变了他的人生。而所有这一切,只是因为他实践了我们所讨论的这一原则而已。

马可先生可算是世上最优秀的名人访问者。可见勇于走出自己生活的小圈子,建立主动沟通的意识对于一个人的成功是多少重要!

【案例6】鲁明前往一家公司应聘,却被告知来晚了,这个岗位已经有人选了。尽管满怀希望被泼了一瓢冷水,鲁明还是微笑地站起身来,礼貌地同经理握手道别:"打扰了。我非常遗憾自己看到这个消息的时间太晚了,但我衷心地希望这只是属于我个人的遗憾。"走出办公室的鲁明突然听到身后传来经理的声音:"小伙子,等一下。"鲁明得到了一次面试的机会,最后,他成了这家公司的一员。

【案例 7】尊敬的闵主任委员、副校长、陈主任,各位贵宾,各位老师、各位同学,大家早安。今天我和内人偕同中国国民党大陆访问团一起来到北京大学,非常荣幸。在这里首先向各位表示感谢。北京大学的校址,刚才我了解到,就是当年燕京的校址,我的母亲在30 年代在这里念书,所以今天来到这里可以说是倍感亲切。

看到斯草、斯木、斯事、斯人,想到我母亲在这儿年轻的岁月,在这个校园接受教育、进修成长,心里面实在是非常亲切。她老人家今年已经96 岁了,我告诉她我要到这边来,她还是笑眯眯的很高兴。台湾的媒体说我今天回母校,母亲的学校,这是一个非常正确的报道。北京大学是我们大学里面的翘楚,也是中国现代新思潮的发源地。蔡元培先生有两句名言:寻思想自由的原则,取兼容并包之意。在这种自由包容的校风之下,北大为这个国家、为这个社会培育了很多精英分子。尤其在国家、民族需要的时候,可以说都是能够挺身而出,为整个国家民族和社会做了很大的贡献。

尤其是展示了中国知识分子那种感时、伤时、忧国的情况。所以我今天来到这里,心里回忆这些,非常感动。我的母校也是我服务多年的台湾大学,同样的师生也以能够参与"争自由、为民主、保国家"的各种活动,也许是因为历史的因缘机会,所以台湾大学曾经成为两岸高等学术人才的一个荣誉。

1949 年之后北大好多好多的老师跟同学们好像种子一样,跨洋过海到了台湾,尤其到了台湾大学,把自由的种子带到那里去,在那里开花结果。包括傅斯年、毛子水等等师生后来都是在台大当教授,非常受大家欢迎。尤其胡适和傅斯年先生,都是五四运动的健将。傅斯年先生当过北京大学的校长,后来出任台湾大学的校长。今天,台湾大学里面那个幽静的校园,那个回响不已的傅钟都是台湾大学的老师和学生生活里面的一部分。所以,简单地来讲,自由的思想,北大、台大系出同源,可以说是一脉相传,尤其在大陆,可以说是历史上的一个自由的堡垒,隔了一个海峡,相互辉映。(节选自连战先生北大演讲全文)

项目四　学会接待

项目介绍

接待是个人或组织加强横向联系、展示个人风度和单位形象的重要窗口。本项目主要探讨接待的作用、接待的基本原则、接待的技巧以及在接待中所要注意的事项。

学习目标

能掌握接待的基本原则、方法和技巧，能熟练运用社交礼仪的相关知识，最终达到宾至如归、热情周到的接待效果。

学习导入

张强的父亲近段时期由于生意不景气，资金很难周转，欠了他的生意伙伴王刚一笔三万元的进货款。这天，王刚气呼呼地跑到张家来要款。张强的父亲实在拿不出那么多钱，又不想破坏彼此的生意关系，只好叫儿子来接待王刚，自己出去躲一躲。面对着恼怒的王刚，张强不慌不忙地倒了杯菊花茶，送上前来："王叔叔，您请坐，先喝杯茶消消暑，这大热天的最容易上火了。"王刚瞪了张强一眼："你爸爸呢？"张强笑着说："我爸爸正在张罗着银行贷款的事儿，过两天就要办成了！"王刚面色有些和缓下来，说："是吗？""我哪会骗你呀？王叔叔最清楚我爸爸这个人了，你们合作了这么多年，我爸哪回骗过你？"看看王刚的脸色，张强又把电风扇转到王刚那边，坐到王刚面前说："这段时间我爸爸买卖一直不错，可就是一些账还没收，所以一时资金周转得有些慢。前几天他说先得还王叔叔那笔款子，去几个客户那儿催款，可他们银根也有点紧。这年头做生意哪个没遇上手头紧的，我爸着急得不得了，说不能让你等急了，这不去银行想办法去了。"王刚的脸色慢慢地缓和下来。张强趁热打铁:"做生意最讲究一个'信'字,王叔叔和我爸爸这么多年生意做下来,你们双方互相看中的还不是这点。王叔叔,您放心,虽然银行贷款一时半会儿弄不好,但我爸一贷到款就会把钱转到你账户上。这么热的天,让你跑来跑去,我们可过意不去,你就在家里等我爸爸的好消息吧。"王刚喝了一口菊花茶,说:"好,小子,我就信你这一回。"

请分析:张强在接待客人的过程中运用了哪些接待技巧?达到怎样的效果?

学习准备

一、接待的作用

接待是个人或组织加强横向联系,展示个人风度和单位形象的重要窗口,热情大方、彬彬有礼的接待,将会给客人留下深刻而又友好的印象,同时会加深彼此的了解,促进其他各项事业的发展。

二、接待的基本原则

(一)细心安排

与来访者约定拜访之后,主人既应着手从事必要的准备工作,以便令客人到访时产生宾至如归的感觉。主人先期需要准备安排的,主要有四项工作。

1.环境卫生

在客人到来之前,需要专门进行一次清洁卫生工作,以便创造出良好的待客环境,并借以完善个人的整体形象,同时体现出对来客的重视。

2.待客用品

通常,有客来访之前,需要准备必要的待客用品,以应客人之需。在一般情况下,必不可少的待客用品有四类,一是饮料、糖果和点心,二是香烟,三是报刊、图书、玩具,四是娱乐用品。

3.膳食住宿

在一般情况下,接待来客时,均应为其预先准备好膳食,并且在会面之初,便向对方表明留饭之意。假如"有朋自远方来",还需为其安排住宿,家中或本单位不具备留宿条件的话,事先应先向对方说明。

4.交通工具

接待远道而来的客人时,要事先考虑其交通问题。如果力所能及,则最好主动为其安排或提供交通工具。为来宾安排交通工具,应讲究善始善终,不但来时要管,走时也要管。

(二)热烈欢迎

客人到来之时,主人对其欢迎与否,客人是十分敏感的。因此,在客人抵达后,主人要做的头一件事,就是要向对方表示热烈欢迎。当客人告辞时,亦需热情相送。

1.迎候

对于重要的客人和初次来访的客人,主人在必要时要亲自或者派人前去迎送。迎候远道而来的客人,可恭候于其抵达本地的机场、港口、车站,或是其下榻之处,并要事先告知对方。

2.致意

与来客相见之初,不论彼此熟悉与否,均应面含微笑,与对方热情握手。在此同时,还应当对对方真诚地表示:"欢迎,欢迎",并致以亲切的问候。

3.让座

如约而来的客人到来之后,一方面,主人应尽快将其让入室内,并安排其就座。若是把客人拦在门口谈个没完,通常等于主人是在向客人暗示其不受欢迎,来得不是时候。另一方面,在就座之时,为了表示对客人的敬意,主人应请客人先行入座。千万不要不让座,或是让错座。

(三)热情相待

在待客之时,主人一定要表现出自己的热情、真诚之意。对客人热情相待,应当主要体现在一心一意、兴趣盎然、主次分明等三个方面。

1.一心一意

有客来访之时,客人就是主人的上帝。待客就是主人的工作重心。因此,在接待客人时,一定要真正做到时时、处处、事事以客人为中心,切勿三心二意、顾此失彼,有意无意地冷落客人。

2.兴趣盎然

在宾主相处之际,相互之间自然要进行必要的交谈,以便沟通和交流。宾主进行交谈之时,主人不仅要准确无误地表达和接受信息,而且还要扮演一个称职的主持人和最佳的听众。

3.主次分明

在待客之时,主人应讲究主次分明,即把来宾视为主人活动的中心,主人的私人事务一般均应从属于来宾这一中心,这是待客主次分明的第一层意思。待客时主次分明的第二层意思,则是指在待客之时,此时此刻正在接待的客人,应被视为主人最重要的客人。也就是讲,对于后到的客人既要接待,又不能为此而抛弃目前正在接待的客人。

三、接待的技巧

(一)接待的一般技巧

1.热情迎客,亲切问候

古人云:"有朋自远方来,不亦乐乎?"迎客是一件愉快的事,你应以良好的口才使其更加愉快。对来访的客人,先要说好见面语。见熟悉的客人应先说:"欢迎,请进!""稀客,稀客,哪阵风把您给吹来了?""您真准时。""久违、久违。"对初次登门的客人,主人应到寓所的大院门口或楼下迎接,见面时可以说:"久仰、久仰!""百闻不如一见。"对待未及亲迎的客人,可以说:"失迎、失迎"或"有失远迎"等以示歉意。之后,要主动伸出手来同客人握手(如果是女性,应让对方先伸手)。进门后,要向同屋的其他人介绍客人,然后让客人坐下,客人未坐,主人不要先坐,以示对客人的尊敬。对于预约来客,应在确定的时间之前,做好准备。客厅要适当收拾,不能乱七八糟。客人脱下衣帽,要主动为他们挂好。必要时,向家人介绍客人。家人最好向客人点头致意,不必要打招呼的就应回避。若客人是长辈或是上级,那么奉茶时应一手扶杯,一手托底。若客人是平辈或后辈可随便些。

如果来的是陌生的客人,可以用提示性的语言"请问您是……"表示询问,让客人自我介绍,然后表示欢迎。请客人坐定后,不要急于询问客人来访的目的,而应等客人主动开口。客人陈述时要耐心听,对客人提出的问题要认真回答。对找错门的客人应热情给予指点。

对于不速之客,也不能粗鲁地说"去去去,这会儿不会客";或双手交臂于胸前,头上昂,"欢迎!欢迎!"这样子会被人认为没有礼貌。一般来说,不速之客大都有不得已的理由,他们或许向你借点东西,或许需要你的指教,或许来不及或不方便预先通知你。所以应体谅对方,热情相待。如果自己衣冠不整,那么道歉后整衣再出。问清来访者的目的,如果是找你自己的,那么就和预约访客一样对待;如果是找暂时不在的家人,那么你可问清对方的身份、姓名、电话等,以作转告;如果他是向你家借点什么东西,你要审慎处理。不是什么重要的事情又能自己做主的,当场答应也行;非得家人点头算数的,你可说明并致歉,等家人回来后再作决定。

2.礼貌待客,知人善谈

寒暄后,就进入正题。要注意倾听客人的讲述,不打断对方的讲话,对重要的地方,可以附和或询问。运用得体的体态语来加强交谈的氛围。

(1)语速、语量要根据来访者的年龄和个人表情达意的需要而定。

如,与老年人交谈用较慢的语速、较大的语量,能使对方产生被人尊敬的喜悦感;对几岁的儿童交谈,则宜轻言慢语、语调柔和,能使小客人产生安全感、信任感;与同龄人交谈,讲究语速快慢适应,语量高低变化,富有节奏感,使客人不疲劳、不紧张。

(2)遣词用句以来访者的文化水平、理解程度而异。

一位人口普查员问一位乡村老太太:"有配偶吗?"老人愣了半天,然后反问:"什么配偶?"普查人员只得换一种说法:"就是老伴呗。"老太太这才懂得配偶的含义。

这件小事启示我们,说话要因人而异。对文化水平高的、理解力强的人不要讲肤浅的话,否则,他不爱听;对文化水平低的、理解力差的人,不要讲理论高深的话,应多举他们能了解的实例来讲。

(3)说话语气以来访者的不同目的而变化。

前来拜访的客人,往往带着各自不同的目的,主人要善于采用不同的语气与他们交谈。对于前来求助的客人,主人应体谅对方的心情,站在客人立场说话,语气要平和。即使你认为无能为力也要给客人留一线希望,你可以对他说:"你先别着急,一旦有了门路我就打电话告诉你。"和前来研究问题、商量工作的客人交谈,则宜采用征询、商量的语气。如"你看这样行不行?""你对这个问题的看法是……"对于前来提供某种信息的客人,主人则应采用感叹语气,表达自己的感激之情,如"非常感谢!你提供的信息太有价值了!""你可真帮了大忙！谢谢！""真辛苦你了！"等等。

(4)交谈双方的距离以人际关系和性别而定。

人都需要一个私人空间，不喜欢别人入侵这个空间。社交场合人与人身体之间所保持的距离间隔，叫区域距离。不同的距离包含不同的含义。如：15～46厘米之间为密切区域，语义为"热烈、亲密"，近亲和密友可以在这个区域交谈；16～120厘米之间为个人区域，语义为"亲切、友好"，一般来客适于在这个区域交谈；至于生疏的不速之客，则宜相距120～210厘米交谈，这个距离叫生疏区域，语义为"严肃、庄重"。当然即使是比较熟悉的异性客人，也还是应该保持一定的距离的，同性客人也不要勾肩搭背。

除以上四点外，交谈过程中，要不时邀请吃果点，加茶水。谈完后，可视双方的关系，邀请他参观自己的书房或花园，或根据准备情况，留请吃饭。

如果是多批客人来访，那么可前客、后客一起接待，或分先后或分处接待。尽量一视同仁，不厚此薄彼，不冷落任何一位客人。在征得前客同意前提下，也可先与后客交谈。那么此时则由家人招待一下前客。

3.接收赠品，多加赞赏

如果客人是带礼品来的，那么要弄清楚，不要把客人自己的东西也当成礼品。不要当着客人的面打开礼盒并进行评价。当客人向主人馈赠时，主人应双手相接。同时说一些"不好意思，让您破费了""非常感谢"之类的客气话。但是在西方国家，朋友送礼时，你就应该当面打开表示欣赏和致谢，如"您的这件礼物正是我(或家里其他人)喜欢的。"根据不同来访对象，自己也尽可能地回赠一些礼物。

4.礼貌送客，致以祝愿

客人如要离去，先要诚恳地挽留；如客人执意要走，则不必强留。主人应等客人站起才站起，并且主动为客人取下衣帽，请他穿上。若是老年客人，应送至楼下或庭院外；若是同辈，可送至电梯口或楼道口；若客人是晚辈，主人可站在门口相送。送客的同时应说些热情的告别语，如"您走好""欢迎再来""经常来玩""请代问令尊令堂大人好"等。

送别客人时，主人不要急于回转，而要目送客人走出视线外。如果客人回头看时，主人应对其点头或微笑致意，招手"再见"。主人回屋时，关门的声音不可太重，否则客人听到也许会产生误会。

(二)电话接待的技巧

当今世界是一个快节奏、高效率的时代。电话已成为现代社会的主要通信工具之一。电话具有传递迅速、使用方便、失真度小和效率高的优点，因此人们对许多事务的处理是借助电话来完成的。所以电话通信又是一种重要的社会交往方式。但是，如果缺乏使用电话的常识与素养，不懂得打电话接电话的礼仪，那么电话所传递的信息就可能产生障碍。

甲："喂，李金仿在家吗？"乙："他不在。"甲："怎么会不在？"(心急火燎)乙："我怎么知道！"(火了)甲："那、那、那请你留个条。"(语塞)乙："对不起，过一会儿再打吧。"

由于甲心情急躁，语言不当，引起乙的心里不愉快，所以事情没有办成。电话沟通时，彼此不见面，可以免除拘束，开怀畅谈。但又正因为"不识庐山真面目"，言者无心，听者有意，所以谈话更要小心、谨慎、随机应变。

电话通信,从整体上考虑应注意以下几个方面。

1.时间选择

时间选择,包括选择打电话的时间和电话交谈所持续的时间长短。除了紧急要事之外,一般不在早上7:00以前或三餐饭时或晚上10:30以后打电话,同时还应注意到各个国家和地区的时差。最好是细心地积累、分析对方通常接电话的时间段并记住它。

电话交谈所持续的时间,以3～5分钟为宜。如果不是预约电话,时间须5分钟以上的,那么就应首先说出自己要办的事或大意,并征询对方是否方便;若对方此时不方便,就请对方另约时间或再定方式。

2.起承转合语言的选择

语言是电话交谈的唯一信息载体,所以电话通信礼仪主要是指语言交往礼仪,应该特别注意。起承转合语言的选择则是打电话人和接电话人双方的选择。

如果打电话拨错了号,则应道歉后才搁电话筒;受扰者应体谅地说"没关系"或"不要紧"。即使号码是正确的,也要等电话铃响十来次后还没人接时再搁电话筒。

如果是打给对方的总机,需要转分机的,总机接线员就应说:"您好,浙江大学(或单位名)",或加上"请问要哪里?"接线员报完,你礼貌地说:"请转4161(或部门名称)。"这时有可能占线,碰上这种情况,接线员应说:"对不起,占线,请稍等(或请过会再打来)。"如果接通分机,那么打电话的人说:"请问莫耘在吗?"这时候,有三种情形,一是刚好莫耘接电话;二是莫耘在,但不是她接电话;三是她不在办公室里。第一种情形,莫说:"我就是,请问您是哪位?"第二种情形,接话人说:"她在旁边,请稍候。"第三种情形,接话人则说:"对不起,莫小姐刚好出去。您需要留话吗?"打电话人需要留话,应清晰地报出姓名、单位、回电号码。

如果是直接打到对方办公室或家里,那么接电话的人可以说:"您好!我是叶起(姓名)。请问找哪位?"打电话的人就说:"我是王艳呀!"——接电话人正好是比较熟悉又是要联络的人;或"我是浙江大学公关中心的王艳,想请问您一件事情。"——接电话人正是不熟悉的人;"我是浙江大学公关中心的王艳,我可以和叶起通电话吗?"——接电话者不是要找的人。

假如是秘书接电话,对方要找的是经理,刚好经理又不在,最好说:"对不起,郭先生不在。请问您是哪一位?需要我留话吗?"而不要先问对方是谁,然后再告诉他经理不在,以免给人造成实际上是在的,而不愿接他的电话的误会。

一般而言,是由打电话一方提出结束谈话,致告别语。如果打电话的是长辈、上级、外宾或女性,要听到对方放下话筒后才挂电话。但是,有时候来电话的人啰里啰唆,你不愿再花费时间和他无聊地谈下去,你可以礼貌地说:"我不想占你太多的时间,以后再谈,行吗?"

现在许多人都在电话上安装录音装置。外出时将装置打开,就可以把打来的电话留言录下来。在录制自己的话音时,要注意措辞的语调,如"这是王菁的家,她不能来听电话。请您听到信号后留语,并请说清你的姓名和电话号码。她将会尽快给您去电话。"你听到留言信号后,有什么话要说,照讲即可。

3.语气语调的选择

电话交谈虽然看不见对方的表情和姿态，但有时却比实际会面更能从对方的言语中揣测出对方的状态来。语气语调最能体现细致微妙的情感。一位军队话务兵深有体会地说："语调过高，语起过重，会使用户感到尖刻、严厉、生硬、冷淡、刚而不柔；语起太轻，语调太低，会使用户感到无精打采，有气无力；语调过长又显得懒散拖拉；语调过短又显得不负责任。一般说来，语起适中，语调稍高些，尾音稍拖一点才会使用户感到亲切自然。"有一些话务用语，以祈使句、疑问句代替陈述句，语气效果也会好得多。每一个组织都应根据自身性质和形象特征来确定合适的话务用语。

4.情绪控制

电话交谈，始终心存尊重、诚恳之意。"己所不欲，勿施于人。"即使在自己心情不佳但需要打电话尽快地处理事务时，也不要让急躁、烦恼的情绪影响了语言以使对方感到不舒服。

除了以上几个方面，电话通信还有其他一些礼仪内容。

打电话最好把重要事情预先整理做成记录，或在心底默念一遍。尽可能亲自拨号，若不得已，可让秘书替你拨电话，但你不要离得太远，否则在电话拨通后让对方拿着电话筒等你过去讲话，这样会使人觉得你在摆架子。

接电话的人一般应等听到完整的一次铃响后拿起话筒，不要让铃响多次，才慢腾腾地接电话。在电话旁准备一本来话记录簿和笔是恰当的，这样可以节约时间。交谈双方要口齿清晰，使对方听得清楚。说话简洁明了，尽量避免"这个""那个"等指代用语和需体态语辅助说明的语言符号。交谈时嘴里不含、不吃东西，不与身旁人谈话。如果碰上急事需要与身边人说一两句，则应道歉后手捂话筒或按下电话上的锁音键。凡是谈到数字、人名、地名或关键的句子，最好重复一遍。如听不清楚或不明白对方所说的话，则可以请对方再说一次。如果能从对方的语气语调中推测到对方接电话的处境，感到有些问题不宜谈时，那么应体谅地转移话题或再约时间，这样，你的善解人意和体谅应会给对方留下很深的印象。

最后就是公用电话的使用了，一般应本着互谅互让的原则，设身处地为别人着想，尽可能缩短通话时间。

(三)介绍别人

介绍他人，是指在社交场合中把某人介绍、引荐给其他人相识的过程。介绍者的介绍如同一条纽带，连接着互不相识的两方，这根"纽带"是否柔韧有力决定着被介绍双方能否顺利、成功地开展交流。善于介绍他人，一方面是展示自己在社交场合中左右逢源的表现力；另一方面体现着自己为人处世的能力和素养，能够提高自己在朋友和同事中的威信和影响力。在介绍别人的过程中，我们要做到正确无误、大方得体，这就要求我们注意介绍人的身份，介绍的顺序、礼仪，把握介绍的内容和表达方式。

1.介绍人身份

介绍人，在不同的场合是由不同的人员来担任的。

(1)在公务活动中，公关、礼仪人员是最适当的介绍人人选。这些人员应该有良好的文化素养、性格气质，并且熟悉本单位的基本情况，受过一定的礼仪训练，同时对对方有比较全面的了解。

(2)在接待贵宾时,介绍人应该是本单位职位最高的人士。例如,当一位外国总统前往一所大学参观访问时,将该校师生介绍给总统的介绍人,非该校校长莫属。

(3)在比较正式的社交场合,例如参加舞会、出席宴会时,介绍不相识的来宾互相认识是主人义不容辞的责任。

(4)在一些非正式的场合,与被介绍人双方都相识的人也可以担任介绍人,介绍自己的朋友们相互认识。

(5)此外,如果我们想认识某个人,主动要求另外一个与双方都比较熟悉的人来引见,根据礼仪来说是允许的。

(6)介绍人在为彼此不认识的人作介绍之前,应充分考虑双方有无相识的必要或愿望,切忌好心办"坏事"。在社交场合,介绍人在"挺身而出"为他人作介绍之前,最好先征询一下双方的意见,以免由于一方的不愿意而造成冷场或尴尬的局面。

2.介绍的顺序

为他人作介绍的先后顺序,即先把谁介绍给谁的问题,其中颇有些规矩和讲究的,牵涉到长幼尊卑的礼节,因此只有照此行事,才是正确的选择。一般来说,介绍别人的顺序有以下6种。

(1)把男士介绍给女士。这是"女士优先"精神的具体体现,反映了对女性的尊重。唯有女士面对尊贵人物之际,才允许破例。

(2)把晚辈介绍给长辈。即事先考虑被介绍人双方的年龄差异,以长者为尊。

(3)把职位低者介绍给职位高者。它适用于比较正式的场合,特别适用于职业相同的人士之间。

(4)把未婚者介绍给已婚者。它仅仅适用于介绍人对被介绍双方非常了解的前提下。如果拿不准的话,可以从其他角度出发进行选择。

(5)把客人介绍给主人,它适用于来宾众多的场合,尤其是主人未必与客人个个相识的时候。若要把客人介绍给父母,则应该先介绍给母亲。如果在客人之间进行介绍,一般是把晚到的客人介绍给早到的客人。

(6)把个人介绍给团体,常常是在众人之前介绍一个人。如果有的时候需要把在场的人一一介绍给一个人时,则应该按照一定的次序,如顺时针方向或逆时针方向,自右至左或自左至右,依次进行,不应该挑三拣四地"跳跃式"进行,否则会伤害被"跳"过去的那些人的感情。

3.介绍的礼仪

(1)介绍的礼仪指的是介绍别人时的表情、手势。当我们介绍一方时,目光应该热情注视对方,目光移向别处或者游离不定是对被介绍人的不尊敬,同时,应该注意微笑着用自己的视线把另一方的注意力引导过来。

(2)手的正确姿势应该是手指并拢、掌心向上,胳膊略向外伸,手指指向被介绍者。此时切忌用手指对被介绍者指指点点,或者舞动手臂上下晃动不已,也不能用手拍被介绍人的肩、胳膊和背等部位。

4.介绍的内容

(1)在给他人作介绍时,首先要实事求是、简明扼要地介绍双方各自的情况,如姓名全称、职位、与自己的关系以及认识对方的目的等,令双方知道如何称呼彼此、明白双方交流的意义。同时,在介绍对方时切忌厚此薄彼,不可以对一方介绍得面面俱到,而对另一方只用寥寥数语。也不可以对一方冠以"这是我的好朋友",而不给另一方以"同等待遇"。在说明自己与一方的关系时,不要忘了提及其名字,如"这是我的邻居"的说法就缺乏必要的姓名提示。

(2)其次,在介绍他人时要附加必要的说明以提示话题,在介绍完双方的基本情况后,介绍者不应该急于离开,应给双方进一步交谈沟通创造条件,把个人的特点选择一些介绍出来给双方做参考。

5.介绍的形式

(1)介绍的形式包括介绍的语言及其表达方式。介绍与自我介绍一样,语音应该清晰准确,不要让人听不清或听错,语言要得体、庄重、文雅、合乎礼节和场合。

(2)在语言表达方式方面,我们可以多作文章,以此来营造轻松、愉快的氛围。一方面,根据被介绍的典型特征,灵活运用多种句式,可以活跃气氛,特别是当被介绍人较多的时候,千篇一律的"这是×××"的句式就会显得十分单调无聊,简简单单的一个名字也不能引起另一方的关注。相反,既有重点又灵活多变的表达方式创造的效果则好得多,如:"你读过小说《×××》吧,这位就是作者×××";"去年的高校田径运动会上,有一位身材小巧的女孩获得了女子跳远的第一名,为我们学校赢得了荣誉,这位女孩此时正坐在我们中间,她就是×××";"××是我们单位个头最高的,足有1米90呢!"……这些言简意赅的介绍能够很快地给另一方勾勒出被介绍者生动独特的形象,令对方过"耳"不忘。

在另一方面,由于每个人的姓名差不多是父母煞费苦心想出来的,我们可以从被介绍者的姓名中挖掘出有意思的内涵,则既能消除双方的紧张、矜持的心理,又能让对方牢记被介绍人的姓名。例如:"她叫艾思,这位姑娘确实人如其名,平时爱读书、爱思考,写出来的文章很有灵气!";"这位小伙子姓高名士品,他跟高士其先生可没有任何亲戚关系哦!"……根据姓名的谐音或字面意思推导出来的引申意义,只要言之成理、语言恰当,都能令对方会心而笑。

四、接待注意点

(1)注意仪表。为了表示对客人的敬意,主人要特别注重自己的仪表,不能穿着睡衣、裤衩等,给人邋遢的感觉,令客人尴尬。女主人更应穿着得体。

(2)诚恳热情。与客人谈话,主人态度要诚恳热情,不要频频看表,不要显出厌倦或不耐烦的样子。万一主人有急事要办,应向客人说明并致歉。

(3)礼貌接受馈赠。当客人馈赠礼物时,如果客人送了你单位或家里已经有了的东西,千万不要当着客人的面说:"哎呀!这种东西我们已经很多了,用不了啦"之类的话,因为这是绝对失礼的。对别人送的礼物,千万不要问对方花了多少钱。假如对方主动告诉你,你绝对不应该说"很便宜"之类的话,而应以"让您破费了"等话语作答。

(4)及时回应。与客人交谈,当客人向你提出很多问题时,应该及时地做出回应,绝对不能不理不睬,以免给人一种傲慢无礼的感觉。

学习行动

活动一：模拟接待训练

利用每年一度的学院校园招聘会活动，让学生作为接待人员，以小组为单位，接待不同的企业招聘人员。要求学生做好(1)外形服装的准备工作；(2)接待相关礼仪的训练；(3)客户相关信息的收集整理；(4)接待现场的布置；(5)活动当天的接待工作。

活动二：电话通知训练

假设学生作为漳州市政府办公室的见习生，一天领导交给你一个任务，通知各县政府办公室订阅明年的《龙江风采》《廉政之窗》两本杂志，《龙江风采》订阅费是200元，《廉政之窗》的订阅费是230元，请各县政府办公室在下周五(11月14日)下午5点之前，将杂志订阅款上交市政府办公室，负责人是你。请你以电话的形式通知这件事。要求(1)做好打电话的准备工作；(2)以适当的语气、语速、语调以及准确词汇表达。

活动三：介绍校园训练

假设省教育厅的有关领导来我校参观，其中的一项活动是参观校园，要求学生作为接待人员，介绍校园标志性景观、校园有特色的教学场馆等。要求：(1)运用合适的接待礼仪；(2)准确生动、详略得当地介绍校园；(3)运用得体的态势语。

学习评估

一、单项选择题

1.标准站姿要求不包括（   ）
　A.端立　　　　　B.身直　　　　　C.肩平　　　　　D.腿并

2.穿着套裙的四大禁忌不包括（   ）
　A.穿黑色皮裙　　　　　　　　　B.裙、鞋、袜不搭配
　C.穿白色套裙　　　　　　　　　D.三截腿

3.女士穿着套裙时,做法不正确的是(　　)
　　A.不穿着黑色皮裙
　　B.可以选择尼龙丝袜或羊毛高筒袜或连裤袜
　　C.袜口不能没入裙内
　　D.可以选择肉色、黑色、浅灰、浅棕的袜子

4.对手部的具体要求有四点:清洁、不使用醒目甲彩、不蓄长指甲和(　　)
　　A.腋毛不外现　　　　　　　　　　B.不干燥
　　C.不佩戴烦琐的首饰　　　　　　　D.以上都不对

5.公务式自我介绍需要包括以下四个基本要素(　　)
　　A.单位、部门、职务、电话　　　　B.单位、部门、地址、姓名
　　C.姓名、部门、职务、电话　　　　D.单位、部门、职务、姓名

6.介绍他人时,不符合礼仪的先后顺序是(　　)
　　A.介绍长辈与晚辈认识时,应先介绍晚辈,后介绍长辈
　　B.介绍女士与男士认识时,应先介绍男士,后介绍女士
　　C.介绍已婚者与未婚者认识时,应先介绍已婚者,后介绍未婚者
　　D.介绍来宾与主人认识时,应先介绍主人,后介绍来宾

7.握手时(　　)
　　A.用左手　　　　　　　　　　　　B.戴着墨镜
　　C.使用双手与异性握手　　　　　　D.时间不超过三秒

8.关于握手的礼仪,描述不正确的有:(　　)
　　A.先伸手者为地位低者
　　B.客人到来之时,应该主人先伸手;客人离开时,客人先握手
　　C.下级与上级握手,应该在下级伸手之后再伸手
　　D.男士与女士握手,男士应该在女士伸手之后再伸手

9.以下不符合上饮料的规范顺序的是(　　)
　　A.先宾后主
　　B.先尊后卑
　　C.先男后女
　　D.先为地位高、身份高的人上饮料,后为地位低、身份低的人上饮料

10.送名片的方式是(　　)
　　A.双手或者用右手　　　　　　　　B.双手
　　C.右手　　　　　　　　　　　　　D.左手

11.以下做法不正确的是(　　)
　　A.一男士把自己的名片递给一女士。该男士走向女士,右手从上衣口袋取出名片,两手捏其上角,正面微倾递上。
　　B.一女士把自己的名片递给一男士。该男士双手接过,认真默读一遍,然后道:"王经理,很高兴认识您!"
　　C.一男士与一女士见面,女士首先伸出手来,与男士相握。

D.一青年男士与一中年男士握手,中年男士首先伸出右手,青年与之相握,双方微笑,寒暄。

12.在没有特殊情况时,上下楼应(　　)行进。
　　A.靠右侧单行　　　B.靠左侧单行　　　C.靠右侧并排　　　D.靠左侧并排

13.一般而言,上楼下楼宜应(　　)行进,以(　　)为上,但男女通行时,上下楼宜令(　　)居后。
　　A.单行、前、男　　B.并排、后、男　　C.单行、前、女　　D.并排、后、女

14.以下做法错误的是(　　)
　　A.一女士陪三四位客人乘电梯,女士先入,后出
　　B.一男一女上楼,下楼,女后,男先
　　C.一男一女在公司门口迎候客人。一客人至,男女主人将其夹在中间行进。至较狭之处,令客人先行
　　D.室内灯光昏暗,陪同接待人员要先进,后出

15.公务用车时,上座是(　　)
　　A.后排右座　　　B.副驾驶座　　　C.司机后面之座　　　D.以上都不对

16.接待高级领导、高级将领、重要企业家时人们会发现,轿车的上座往往是(　　)
　　A.后排左座　　　B.后排右座　　　C.副驾驶座　　　D.司机后面的座位

17.对于座次的描述不正确的有(　　)
　　A.后排高于前排　　B.内侧高于外侧　　C.中央高于两侧　　D.两侧高于中央

18.会客时上座位置排列的几个要点是(　　)
　　A.面门为上、以右为上、居中为上、前排为上、以远为上
　　B.面门为下、以左为上、居中为上、前排为上、以远为上
　　C.面门为上、以右为上、居中为上、后排为上、以远为上
　　D.面门为上、以右为上、居中为上、前排为上、以近为上

19.以下不属于会议室常见的摆台是:(　　)
　　A.戏院式　　　B.正方形　　　C.课桌式　　　D.U型

20.当您的同事不在,您代他接听电话时,应该(　　)
　　A.先问清对方是谁
　　B.先记录下对方的重要内容,待同事回来后告诉他处理
　　C.先问对方有什么事
　　D.先告诉对方他找的人不在

21.西方人很重视礼物的包装,并且必须在什么时候打开礼物?(　　)
　　A.当面打开礼物　　　　　　B.客人走后打开礼物
　　C.随时都可以打开　　　　　D.以上都不对

二、多项选择题

1.仪容的自然美包括:(　　)

A.体现不同年龄阶段的某些自然特征　　B.保持个人面容的独特性

C.男士接待贵客要着西装　　D.保持面容的红润、光泽

E.要适当化妆

2.仪表对人们形象规划的作用包括(　　)

　　A.自我标识　　　　　　　　　　B.修饰弥补

　　C.包装外表形象　　　　　　　　D.表明审美情趣

3.在正式场合男士穿西服要求:(　　)

　　A.要扎领带　　　　　　　　　　B.露出衬衣袖口

　　C.钱夹要装在西服上衣内侧的口袋中　　D.穿浅色的袜子

　　E.穿西服背心,扣子都要扣上

4.在正式场合,男士穿的西服有三个扣子,只能扣(　　)

　　A.下面1个　　B.中间1个　　C.上面1个　　D.三个都扣

　　E.三个都不扣

5.商务会面中正式称呼即(　　)

　　A.行政职务　　B.技术职称　　C.地方性称呼　　D.泛尊称

6.自我介绍应注意的有(　　)

　　A.先介绍再递名片

　　B.先递名片再做介绍

　　C.初次见面介绍不宜超过5分钟

　　D.初次见面介绍不宜超过2分钟

　　E.先介绍自己,再让对方介绍

　　F.先让对方做完自我介绍,自己再做介绍

7.介绍一般可分为介绍自己、介绍他人、介绍集体。下列说法不正确的是:(　　)

　　A.正式的自我介绍中,单位、部门、职务、姓名缺一不可

　　B.介绍双方时,先卑后尊

　　C.介绍集体时,则应当自卑而尊

　　D.以上说法都不正确

8.介绍两人相识的顺序一般是:(　　)

　　A.先把上级介绍给下级　　　　　B.先把晚辈介绍给长辈

　　C.先把主人介绍给客人　　　　　D.先把早到的客人介绍给晚到的客人

9.介绍他人或为他人指示方向时的手势应该用:(　　)

　　A.食指　　　　B.拇指　　　　C.掌心向上　　　D.手掌与地面垂直

10.在与人交谈时,双方应该注视对方的(　　),才不算失礼。

　　A.上半身　　　　　　　　　　　B.双眉到鼻尖,三角区

　　C.颈部　　　　　　　　　　　　D.脚

11.名片使用中以下描述错误的是:(　　)

　　A.与多人交换名片时,由远而近,或由尊而卑进行

　　B.向他人索取名片宜直截了当

C.递名片时应起身站立,走上前去,使用双手或者右手,将名片正面对着对方后递给对方

D.若对方是外宾,最好将名片上印有英文的那一面对着对方

12.握手有伸手先后的规矩:( )

A.晚辈与长辈握手,晚辈应先伸手

B.男女同事之间握手,男士应先伸手

C.主人与客人握手,一般是客人先伸手

D.电视节目主持人邀请专家、学者进行访谈时握手,主持人应先伸手

13.双方通电话,应由谁挂断电话?( )

A.主叫先挂电话

B.被叫先挂电话

C.尊者先挂电话

D.不做要求,谁先讲完谁先挂,最好同时挂

14.电话通话过程中,以下说法正确的有( )

A.为了不影响他人,不使用免提方式拨号或打电话

B.为了维护自己形象,不边吃东西边打电话

C.为了尊重对方,不边看资料边打电话

D.以上说法都不正确

15.打电话应注意的礼仪问题主要包括( )

A.选择恰当的通话时间　　　　　B.通话目的明确

C.安排通话内容　　　　　　　　D.挂断电话时注意礼貌用语

E.不直接回答对方问话

16.以下做法正确的是( )

A.室内灯光昏暗,陪同接待人员要先进,后出

B.一男一女上楼,下楼,女后,男先

C.出入无人值守的电梯时,陪同人员先进,先出

D.以上说法都正确。

17.对于汽车上座描述正确的有( )

A.社交场合:主人开车,副驾驶座为上座

B.商务场合:专职司机,后排右座为上(根据国内交通规则而定),副驾驶座为随员座

C.双排座轿车有的VIP上座为司机后面那个座位

D.在有专职司机驾车时,副驾驶座为末座

18.下列座次安排错误的是:( )

A.领导面向会场时:右为上,左为下

B.宾主相对而坐,主人面向正门,客人占背门一侧

C.签字双方主人在左边,客人在主人的右边

D.宴请时,主宾在主人右手,副主宾在主人左手

19.关于敬酒的正确顺序是( )

A.主人敬主宾、陪客敬主宾、主宾回敬、陪客互敬
B.主人敬主宾、主宾回敬、陪客敬主宾、陪客互敬
C.主宾敬主人、陪客敬主宾、主人回敬、陪客互敬
D.主宾敬主人、主宾敬陪客、陪客回敬、陪客互敬

20．重要会务接待需要注意（　　）

A.饮料准备需一冷一热，一瓶一杯
B.有外籍客人还要考虑有中有外
C.以饮料招待客人征询的标准方式应为封闭式问题，而非开放式问题
D.上饮料的规范顺序应该是先宾后主，先尊后卑

延伸思考

一、演练题

【演练1】许多刚跨入大学校门的同学，总觉得难以与来访的同学或老师进行交流，更不知如何接待。假如你就是那个新生，你所在学院的院长等几位领导要到你寝室来慰问。请你设计一段得体的欢迎词和问候语。

【演练2】你已经是一名大学生了。新学年伊始，又有不少的师弟、师妹进校。这天，几位同乡来拜访你，作为他们的师兄（师姐），你将怎样回答他们如何适应大学生活的问题，并让他感受到"他乡遇故知"般的温馨呢？

【演练3】一天晚上，林笑一家人正在吃晚餐，一位经朋友介绍的人寿保险业务员敲开了他家的大门。原来她是来动员林笑为三岁的儿子投保一份教育保险，而林笑却不打算参保。林笑如何才能既有礼有节地接待该业务员又回绝业务员的要求。请你为林笑设想一段回绝的理由，并做到礼貌送客。

【演练4】假如你是一家服装公司的接待处主任，总经理让你负责接待由某学院服装设计师带队的一批服装设计专业的学生到公司参观学习。他们想学习本公司的管理理念和先进的管理模式，你将怎样安排整个接待过程？

二、补充案例（教师可设计问题，供学生学习分析）

【案例1】有一次陈瑾老师去某宾馆的时候，拿着两个包，一个大包，一个小包，因为小包里面装的都是教材，很沉。进入宾馆的时候，门童帮他把门打开之后，伸出手来，接过他的小包，对他说："先生，我可以帮你吗？"因为门童看到他提小包的那只手看起来很吃力。这说明门童对客户的需求很关注，他会很细心地发现这些东西，然后去满足客户的需求。

【案例2】很多大商场都有托管儿童的区域，作为家长来说，他们就可以自由地去选购

商品了,而把孩子交给商场的员工管理,那里设置了一些玩具,儿童们可以在里面尽情地玩。在麦当劳、肯德基里也设有专门的儿童乐园,以满足有小孩的家长的需要。在很多企业 SALES 的座席上都有很好的隔音装置设备,就是为了让客户清晰地听到服务代表的话。为不同的客户提供不同的消费环境,是留住客户的一个重要手段。

【案例3】李林再过半个月就要结婚了。一天,几个同单位的好友来访,发现李林家宽敞的客厅还缺少一幅漂亮的壁画。第二天,几位好友就带着一份礼物来到李林家。李林正在收拾客厅,见朋友来了,忙停下手中的活儿,说:"不好意思,家里乱糟糟的,还没收拾好!"朋友们进了门,把礼物送给李林。李林打开包装盒一看,是他非常喜欢的出自当地名家之手的山水写意画,抑制不住内心的欢欣,连连说:"让你们破费了,让你们破费了!这幅画我太喜欢了,我家客厅有了它,真是锦上添花啊!"

【案例4】暑假里,一个天气炎热的午后,李明接到来他家乡做社会调查的大学班主任张老师的一个电话,说是下午要到他家稍作休息。李明赶紧把家里收拾一番,等待张老师的光临。半个小时后,李明远远看见张老师向自己家方向走来,他马上下楼站在小区门口欢迎张老师。当张老师来到跟前时,他满脸笑容地说:"张老师,这么热的天气,您一路辛苦了。您这次来,真是给我一个意外的惊喜。"说着接过张老师手中沉重的行李包,然后把他迎进家门,接着又端上一盘冰镇西瓜,开始了亲切的交谈……

【案例5】泰国某政府机构为泰国一项庞大的建筑工程向美国工程公司招标,经过筛选,最后剩下4家候选公司。泰国人派遣代表团到美国亲自去各家公司商谈。代表团到达芝加哥时,那家工程公司由于忙乱中出了差错,又没有仔细复核飞机到达时间,未去机场迎接泰国客人。但是泰国代表团尽管初来乍到不熟悉芝加哥,还是自己找到了芝加哥商业中心的一家旅馆。他们打电话给那位局促不安的美国经理,在听了他的道歉后,泰国人同意在第二天11时在经理办公室会面。第二天美国经理按时到达办公室等候,直到下午三四点才接到客人的电话说:"我们一直在旅馆等候,始终没有人前来接我们。我们对这样的接待实在不习惯。我们已订了下午的机票飞赴下一目的地。再见吧!"

项目五　学会赞美

项目介绍

赞美即用语言表达对人或事物的喜爱。人际交往需要赞美,渴望赞美是每个人内心的一种基本愿望,善于赞美他人也是自身良好心态的体现。本项目主要探讨赞美的作用、赞美的基本原则、赞美的技巧以及赞美中所要注意的事项。

学习目标

了解赞美的作用,掌握赞美的基本原则、方法和技巧,树立经常赞美他人的意识,学会对沟通对象进行真诚、准确、新颖、细致深入、语气适当的赞美。

学习导入

某中学没有经费修缮校舍,校长多次请示上级拨款,却毫无实效,不得已,决定向本市玻璃制品商场的经理求援。校长之所以打算找该经理,是因为这位经理重视教育,曾捐款一万元发起成立"奖教基金会"。遗憾的是听说近两年该商场的经营一直不理想,亏损数万元。眼下要这位经济困难的经理捐款,校长深感希望渺茫。但是想到全校师生的生命安全,只好"背水一战"了。

设想如果你是这位校长,如何运用赞美请求这位经理的帮助?

学习准备

一、赞美的作用

赞美是对沟通对象的称赞和推荐。来自一份人才调查中心的报告显示：在中国，每100位头脑出众、业务过硬的人士中，会有67位因人际关系不畅而在事业中严重受挫，难以成功。其共同的心理障碍是"难以启齿赞美别人"为什么会难以启齿？究其原因，是不懂得赞美在人际关系中是必需，把赞美误以为恶意奉承，觉得赞美就是虚假。这是对赞美的错误认识。

赞美可以传达感情、激发信心和潜力，它给人以希望和力量。赞美是对别人自尊心的尊重，让他人在真诚的赞美声中感受情感的愉快和满足；美国威廉·詹姆斯曾说过："人性深处最大的欲望，莫过于受到外界的认可与赞美。"赞美是鼓励别人把正确的事情做下去，增强他人自尊、自强、自爱力量；赞美是对他人价值的肯定，是对他人劳动成果的认可；赞美是人际关系中最好的润滑剂，每个人都需要他人的赞美，就像生活需要阳光、水一样。从你的赞美中，被赞美者获取了一种优厚的精神报酬，从你的赞美中，他得到了继续奋进的动力。在赞美他人的同时，你也在不知不觉中受到感染，获得教益，赞美也体现了自身的良好心态和优良的品德。赞美是需要发现别人的闪光之处，把肯定和敬重献给别人。

赞美可以缓解矛盾，著名作家马克·吐温说："一句美好赞语可以使他人多活两个月。"在现代交际中，我们有很多人更多地把目光留给自己，却常常多苛责他人，吝啬于赞美他人。当我们学会赞美他人时，我们会发现，人际关系和谐了。无疑的，赞美是最低成本的人际关系润滑剂，是人际关系和谐的永恒魅力，是一门需要修炼的艺术。赞美他人已经成为建立良好人际关系的一种手段。

二、赞美的基本原则

（一）真诚赞美，不矫揉造作、虚情假意

良好的语言沟通，都是基于真诚的。能引起对方好感的只能是那些基于事实、发自内心的赞美，赞美他人切忌虚情假意。你若虚情假意地赞美别人，他不仅会感到莫名其妙，更会觉得你油嘴滑舌、诡诈虚伪。例如，你见到一位其貌不扬的小姐，却偏要对她说："你真是美极了。"对方立刻就会认定你所说的是虚伪之至的违心之言。但如果你着眼于她的服饰、谈吐、举止，发现她这些方面的出众之处并真诚地赞美，她一定会高兴地接受。唯有真诚地去赞美他人，才能抓住对方的心，才能获得对方的好感，改善人际关系。

真诚的赞美不但会使被赞美者产生心理上的愉悦感，还可以使你经常发现别人的优点，从而使自己对人生持有乐观、欣赏的态度。

真诚的赞美来源于心胸宽广。赞美对被赞美者来说是一种鼓励,对赞美者来说,则是一种给予。只有那些具有宽广胸怀的人,才会将自己的心灵付出与他人分享。一个人的价值可分为两部分:一是你为社会付出了多少;二是你从社会得到了多少,二者密不可分。因此,一个人只要为社会、为他人工作,就期待着社会对他有一个公正的评价。赞美,首先就是对他人成绩的认可,是一种高度肯定的评价,一种对他人价值的判断。一个心胸狭窄的人,或者对他人的成绩熟视无睹,或者不愿意对他人的成绩给予肯定,这样的人,不可能是一个受欢迎的人。

　　真诚的赞美来源于谦虚。孔子说:"三人行,必有我师焉。"任何一个人都有比我们自己强的地方,有别人无法企及的优点,有值得我们学习的东西。这就应该获得我们真心的赞美。对此,我们必须虚怀若谷,以人为师。这一点,一代文学大师郭沫若堪称典范。

　　一次,郭老在台下观看自己创作的历史剧《屈原》的演出,演到第五幕第一场,他听到婵娟"怒骂"宋玉:"宋玉,我特别地恨你,你辜负了先生的教训,你是没有骨气的文人!"郭老听了,感到骂得很不够,就到后台去找"婵娟"商量。郭老问演员:"你看,在'没有骨气'的后面加上'无耻的'三个字,是不是分量会加重些?"正在化妆的一个演员灵机一动插了话:"不如把'你是'改成'你这没有骨气的文人',这多够味,多有力!"郭老一想,不禁拍手叫绝,连称:"好!好!真帅!"事后,他专门为此写了一篇《一字之师》的文章,倾吐了对这位"一字之师"的赞赏之情。

　　郭沫若是著名的文学大师,精于戏剧研究和创作,能够主动去找一位普通演员探讨戏剧中的问题,本身就反映了郭老宽阔的胸怀,谦虚严谨的治学态度。当另一个演员随口说出使自己作品更有表达力度的一个字时,他不仅连连称绝,拜其为师,作文致谢。如果郭老以名人自居,气量小,怎么会虚心求教于一名演员?更不会有郭老盛赞"一字之师"的佳话了。这不仅是郭老宽广胸怀、虚怀若谷的表现,更是他尊重别人的反映。

(二)赞美要恰如其分,不空泛,不夸大

　　赞美要实事求是、恰如其分。唯有实事求是地去赞美他人,才能抓住对方的心,才能获得对方的好感,改善人际关系。这是要求将赞美建立在客观事实的基础上,明明这个人的学习成绩不如人,你却说他"名列前茅,百里挑一,才智过人,聪明绝顶",他心里一定不会舒坦。

　　在称赞别人时表现得漫不经心,诸如"还好还好""太好太好了"这种缺乏真诚的空泛赞美并不能使对方喜悦,有时甚至会由于你的敷衍而引起反感和不满。如果言过其实,或言不由衷,也就可能会变成"拍马屁"了,对方也会怀疑你的真实目的。

　　有一位先生听说外国人都喜欢听别人的赞美,尤其是女士,最喜欢听别人说她漂亮。后来,他出国了,便想试着去赞美别人。

　　一次,他去逛超市,迎面走来一位很胖的妇女。他习惯性地对这位妇女说:"女士,您真是太漂亮了!"

　　不料,这位妇女狠狠地瞪了他一眼,毫不客气地说:"先生,你是不是离家太久了?"

　　赞美的目的是对对方表示一种肯定和欣赏,让对方能从我们的话中领会这些含义。然而若是赞美不当,不仅起不到好的作用,反而会引起对方反感。

　　当我们的赞美正合对方心意时,会加倍成就他们的自信感。这的确是感化人的有效方法,同时也是改善和优化我们人际关系的关键所在。

（三）赞美要具体、深入、细致

赞美要有明确指代和理由,抽象的东西往往不具体,难以给人留下深刻印象。如果称赞一个初次见面的人"你给我们的感觉真好",就无法给对方留下深刻的印象,说完便过去了。但是,倘若你称赞一个好推销员:"小王这个人为人办事的原则和态度非常难得,无论给他多少货,只要他肯接,就绝对不用你费心。"由于你挖掘了对方不太显明的优点,给予赞扬,增加了对方的价值感,因此赞美起的作用会很大。

"老李,今天下午你处理顾客退房问题的方式非常恰当。"这种称赞是你对他才能的认可。称赞时若能说出理由,可以使对方领会到你的称赞是真诚的。如:"小张,你今天的辛劳没有白费,你为公司争来了一笔生意,我代表公司感谢你,你现在是我们公司的业务骨干了。"

三、赞美的技巧

赞美别人,仿佛用一支火把照亮别人的生活,也照亮自己的心田,有助于发扬被赞美者的美德和推动彼此友谊的健康发展,还可以消除人际间的龃龉和怨恨。赞美是一件好事,但绝不是一件易事,赞美别人要掌握一定的技巧。

（一）赞美对方最看重的地方

抓住对方最看重的东西,突出重点,有的放矢地赞美对方。每个人都有自己看重的东西,只有赞美别人最看重的东西才能收到最好的效果。人与人千差万别,看重的东西自然也是大相径庭,这就要求我们在赞美别人之前,首先要摸清对方的兴趣、爱好、性格、职业、经历等背景状况,抓住其最重视、最引以为自豪的东西,将其放到突出的位置加以赞美,这样才能够最大限度地满足对方的心理需要。

在镇压太平军的行营中,一次,曾国藩用完晚饭后与几位幕僚闲谈,评论当今英雄。他说:"彭玉麟、李鸿章都是大才,为我所不及。我可自许者,只是生平不好谀耳。"一个幕僚说:"各有所长:彭公威猛,人不敢欺;李公精敏,人不能欺。"说到这里,他说不下去了。曾国藩问:"你们以为我怎样?"众人皆低首沉思。忽然走出一个管抄写的后生来,插话道:"曾帅是仁德,人不忍欺。"众人听了齐拍手。曾国藩十分得意地说:"不敢当,不敢当。"后生告退而去。曾氏问:"此是何人?"幕僚告诉他:"此人是扬州人,入过学（秀才）,家贫,办事还谨慎。"曾国藩听完后就说:"此人有大才,不可埋没。"不久,曾国藩升任两江总督,就派这位后生去扬州任盐运使。

在上面的故事里,曾国藩的幕僚想赞美曾国藩,但苦于"威猛""精敏"之语都已让别人先说了,因而想不出恭维他的词句。而管抄写的后生从曾国藩说过的"生平不好谀耳"中推断出曾重视"仁德"的性格特征,于是投其所好,在这一点上加以赞美,果然让曾国藩感到舒服,并由此得到了他的重视。可见,只要赞美得恰到好处,其效果往往是超乎意料的。

很多人在赞美别人时习惯于泛泛而论,抓不住赞美的重点,其中一个突出表现就是过分忽视细节。其实,对方之所以在细节上投入那么多的时间和心血,一方面说明对方对此有特别的偏爱,另一方面也说明对方渴望这一部分努力能够得到应有的报偿与肯定。因此，我们在交际中应善于发现细微处的用意，以赞美和感谢来回报对方的良苦用心，这不但会带给对方巨大的心理满足，而且会加深彼此的心灵默契。

法国总统戴高乐1960年访问美国时，在一次尼克松为他举行的宴会上，尼克松夫人费了很大的劲布置了一个美观的鲜花展台；在一张马蹄形的桌子中央，鲜艳夺目的热带鲜花衬托着一个精致的喷泉。精明的戴高乐将军一眼就看出这是主人为了欢迎他而精心设计制作的，不禁脱口称赞道："女主人为举行一次正式的宴会要花很多时间来进行这么漂亮、雅致的计划与布置。"尼克松夫人听了，十分高兴。事后，她说："大多数来访的大人物要么不加注意，要么不屑为此向女主人道谢，而他总是想到和讲到别人。"可见，一句简单的赞美他人的话，会带来多么好的反响。

戴高乐贵为元首，却不失对他人用意的精细体察，这使他成了一位受到格外尊敬的人。面对尼克松夫人精心布置的鲜花展台，戴高乐没有像其他大人物那样视而不见或见而不睬，而是即刻领悟到了对方在此花费的苦心，并对这一片苦心表示了特别的肯定与感谢。戴高乐赞美的言语虽然简短，但很显然深深地感动了尼克松夫人。

(二) 把赞美和鼓励结合起来

以含蓄的语气表示赞扬，让对方自己领会其中肯定、鼓励和期冀的意味，促使对方更加上进。

对学生、下属、晚辈等表示赞美，如过分使用溢美之词则可能会助长对方骄傲、自满、浮躁的情绪，不利于对方学习、工作、做人等的进一步发展。这就要求我们在赞美这一类人时应当把握好分寸，适可而止，少一些华丽的溢美之词，多一些实实在在的引导、肯定和鼓励，既满足对方自我价值实现的心理，又令其感受到肩上的责任和期冀，从而更加懂得上进。

丰子恺考入浙一师后，李叔同教他图画课。在教木炭模型写生时，李叔同先给大家示范，画好后，把画贴在黑板上，多数学生都照着黑板上的范画临摹起来，只有丰子恺和少数几个同学依照李叔同的做法直接从石膏上写生。李叔同注意到了丰子恺的颖悟。一次，李叔同以和气的口吻对丰子恺说："你的图画进步很快，我在南京和杭州两处教课，没有见过像你这样进步快速的学生。你以后，可以……"李叔同没有紧接着说下去，观察了一下丰子恺的反应。此时，丰子恺不只为老师的赞扬感到欢欣鼓舞，更意识到在老师没有说出的话当中包含着对他前程的殷切希望。于是，丰子恺说："谢谢！谢谢先生！我一定不辜负先生的期望！"这天晚上，李叔同对丰子恺的赞扬，激励他走上了艺术生涯。丰子恺后来回忆道："当晚李先生的几句话，确定了我的一生……这一晚，是我一生中的一个重要关口，因为从这晚起，我打定主意，专门学画，把一生献给艺术。几十年一直没有改变。"

在上面的事例里，李叔同尽管注意到了丰子恺在绘画方面的天赋，他自己也为此而颇感激动，但他在赞扬丰子恺时仍然努力保持了平和的心态和语气，只用朴实、含蓄的语句表示了对丰子恺画艺进步的肯定，同时欲言又止，让他自己去领会其中浓浓的期冀之情。这样的赞美方式，既让丰子恺感到满足，同时也给予了他极大的激励。

(三) 发掘闪光点

变换视角，发掘对方平凡之中的闪光点，并对此大张旗鼓地加以渲染。

有些人常常抱怨对方没有优点，不知该赞美什么，这正说明了其缺乏发掘对方闪光点的能力。其实,世界上有50亿人就有50亿个世界,再普通的人也一定有他足以珍视的、独特的闪光之处,赞美者要努力地变换视角发掘、体察这些闪光之处,并对此大做文章。一个赞美别人的人如果能够做到这一点,已足以说明他是一个善于赞美的高手了。

春节期间,小王住在乡下的大伯带着5岁的小孙子健健到小王家住了两天。健健性格内向,见人不爱说话,时时刻刻跟在大伯身边,特别是和小王的女儿玲玲在一起时,一个显得聪明伶俐,一个显得呆头呆脑,弄得大伯很没面子,骂健健"三脚踢不出一个屁来"。这天晚饭过后,小王和大伯边聊天边看电视,突然听到客厅里传来玲玲的哭声。两人赶快跑出去看,这才搞明白原来健健不小心从楼梯半截处跌了下来,膝盖摔破了,健健忍着泪没哭,倒把在一旁的玲玲吓哭了。大伯见健健惹了祸,上来就骂他没出息,不争气,搞得健健也大哭起来。小王见状赶紧劝导大伯,一边劝一边扶起健健,帮他察看伤口。当看到伤口沁出一片血红时,小王拍着健健的肩膀啧啧称赞,说:"农村的孩子就是生得结实,经得起摔打,跌得这么重也不哭,连句疼也不喊。这孩子将来肯定有出息,到了社会上能闯荡。你再看我这城市里的女儿,一根毫毛没动,光吓就给吓哭了。"一席话说得大伯心里舒服了许多,赶紧心疼地搂过健健,又是上药又是安慰地忙活起来。

小王的乡下大伯觉得自己小孙子和城市的孩子一比简直一无是处,因而觉得很没面子,这是因为乡下大伯只看到了表面的现象,却没有深入发掘自己孩子的闪光之处。小王为了使大伯恢复平衡的心态,借助一次跌跤事件对两个孩子作了重新评价,从"身体"和"意志"的角度对健健表示了由衷的赞叹,使大伯突破了表面现象看到了自己孩子的可贵之处,自然心里舒服多了。

(四)以面带点

赞美对方所属的哪一类人,而不直接针对对方,使对方从侧面领会到赞美之意。

真诚坦白地赞美别人固然是好,但假若用词不当就有可能引起对方的不快,或给众人留下太露骨、太肉麻的感觉。如果我们对热情洋溢的直接赞美还缺乏足够的自信,则可以采用从侧面赞美的方式,着重表达自己对某一类人或物的赞美,这样无论怎样使用溢美之词都不显得露骨,而对方又能够同样领会到我方的赞赏之情。

《围城》中的方鸿渐就是一位夸人能手。他经苏小姐介绍认识了苏的表妹唐晓芙,唐晓芙说自己是学政治的,给方鸿渐提供了一个自己还算内行的信息。一般说来,女孩学政治是比较有野心而且缺乏灵气的,因此苏小姐夸她道:"这才厉害呢,将来是我们的统治者,女官。"方鸿渐则从她的话里发掘出闪光点,大加渲染了一番,说:"女士原是天生的政治动物,虚虚实实,以退为进,这些政治手腕,女士生下来就全有。女士学政治,那正是以后天发展先天,锦上添花了。我在欧洲听了Ernst Bergmann先生的课,他说男士有思想创造力,女士有社会活动力。所以男士在社会上做的事该让给女士去做,男士好躲在家里从容思想,发明新科学,产生新艺术。我看此话甚有道理,女士不必学政治,而现在的政治家要想成功,都得学女士。政治舞台上的戏剧全是反串。""老话说,要齐家而后能治国平天下,请问有多少男士会管理家务的?管家要仰仗女士,而自己吹牛说大丈夫要治国平天下。把国家社会全部交给女士有多少好处。"方鸿渐一席话说得唐晓芙心花怒放。

方鸿渐能讨得唐晓芙的欢心,以上这一番赞美起到了很大的作用。由于是初识唐小姐,过于直露的赞美显然不太合适,容易引起对方的猜疑,因此方鸿渐采用了以面带点的赞美方式,抓住唐小姐"是学政治"的这一信息大做文章,纵论了一番女士学政治的优越性,表面上是在夸学政治的女士,实际上是在赞美唐小姐。事实证明,方鸿渐这一番间接式的赞美达到了他预期的目的。

(五)借他人之口赞美对方

借用他人,特别是权威人士的言论来评价对方,间接达到赞美的目的。

权威人士(或机构)的评价是最令人信服的,同时也是最令对方感到自豪和骄傲的,因此引用权威的言论来评价对方无疑是一种很好的形式。即便我们无法获取权威人士(或机构)的言论,借用他人对对方的评价也会有不错的效果,一来可以避免直接恭维对方所导致的吹捧之嫌,二来可以让对方感觉到其所拥有的支持者数量之多、范围之广,在心理的满足之外又有另外的欣慰。

1997年,金庸与日本文化名人池田大作展开了一次对谈,对谈的内容后来辑录成书出版。在对谈刚开始时,金庸表示了谦虚的态度,说:"我虽然跟过去与会长(指池田)对谈过的世界知名人士不是同一个水平,但我很高兴尽我所能与会长对话。"池田大作听罢赶紧说:"您太谦虚了。您的谦虚让我深感先生的'大人之风'。在您的72年的人生中,这种'大人之风'是一以贯之的,您的每一个脚印都值得我们铭记和追念。"池田说着请金庸用茶,然后又接着说:"正如大家所说'有中国人之处,必有金庸之作',先生享有如此盛名,足见您当之无愧是中国文学的巨匠,是处于亚洲巅峰的文豪。而且您又是世界的'繁荣与和平'的香港舆论界的旗手,正是名副其实的'笔的战士'。《春秋·左传》有云:'太上有立德,其次有立功,其次有立言,是之谓三不朽'。在我看来,只有先生您所构建过的众多精神之价值才是真正属于'不朽'的。"

池田大作在与金庸展开对谈之前,先对金庸一生的主要成就做出了肯定性的评价,在这里他主要采用了"借用他人之口子以评价"的赞美方式,无论是"有中国人之处,必有金庸之作",还是"笔的战士""太上……三不朽"等,都是舆论界或经典著作中的言论,借助这些言论来赞美金庸,显然既不失公允,又能恰到好处地给对方以满足。

(六)把成绩归于对方

肯定所取得的成绩,然后把这些成绩主要归功于对方,弱化我方的作用。

在工作中恰到好处地赞美将有利于彼此的团结和工作的顺利开展,特别是在双方的合作取得了一定的成绩之后,我们应主动弱化我方的作用,强调和赞赏对方在工作中付出的才智、汗水和努力,使对方感到自己在工作中的重要性。很显然,这种肯定将会极大地鼓舞对方的工作热情,并使合作双方的关系更为融洽。

1972年美国总统尼克松访华,国务卿罗杰斯陪同。他们来到上海,下榻在锦江饭店。有一天,周总理到饭店看望罗杰斯,一见面,周总理就礼貌地伸出手说:"罗杰斯先生,您好!"罗杰斯握住周总理的手,很恭敬地说:"总理先生,您好!"周总理说:"国务卿先生,我受毛泽东主席的委托来看望您及各位先生。"接着说,"这次中美两国打开大门,是得到罗杰斯先生主持的国务院大力支持的。这几年,你们国务院做了大量工作。我尤其记得,当我国邀请贵国乒乓球队访华时,贵国驻日使馆就英明地开了绿灯,说明你们的外交官很有见地。"罗杰斯听后,备受感动,笑着说:"总理先生也很英明,我真佩服你想出邀请我国乒乓球队这一招,太漂亮了!一下子就把两国疏远的距离拉近了!"这样一下子使气氛活跃起来。

在上面的事例中,周总理和罗杰斯显然都深谙赞美之道。在中美恢复正常外交关系之际,双方都主动把这一历史性的功绩更多地归于对方的才智与努力;周总理赞赏美国的外交官"有见地",而罗杰斯则盛赞周总理想出"乒乓外交"这一招的"英明"。在恰到好处地互致赞美之后,双方的关系显得更为融洽了。

在许多时候,自谦也可以起到赞美他人的作用。当我们在交际中适当放低自己在某一方面的才能或优势,则不用多加赞美,就已经在无形中抬高对方了,自己的普通甚至低劣正是凸显了对方在该方面的高明或优势。恰到好处地使用此种方式,既成功地赞美了别人,又能给人留下为人谦逊的好印象。

四、赞美注意点

(一)赞美要注意适度

过度的赞美,空洞的奉承,都会令对方感到难以接受,甚至感到肉麻、讨厌,结果适得其反。只有适度的赞美才会令对方感到欣慰。适度因人、因时、因事、因地而异,需要不断摸索积累,逐步掌握。

有人夸张地把社交场形容为"战场",意即舌锋之战。要想成功地取得战斗的胜利,就必须知己知彼,拍马屁别拍在马腿上。

每个人在生活中都扮演了多重角色,角色关系不同,说话方式就不同,赞美的方式也就不同。对朋友可以真心诚意地夸他;对领导要含蓄适度地赞美,否则会认为是"拍马屁";对爱人要甜言蜜语地称赞;对长辈要恭恭敬敬地称赞;对小孩可以和蔼可亲地夸奖他。

朱元璋当了皇帝以后,他从小一起玩的朋友向他求救。一个见了朱元璋后说:"我王万岁!当年微臣随驾扫荡庐州府,打破罐州城,汤元帅在逃,拿住豆将军,红孩儿当关,多亏某将军。"

另一位朋友听说此事以后,也想到朱元璋那里讨个一官半职。他见了朱元璋,竹筒倒豆子似的说了起来:"我王万岁!还记得吗?从前你我都替人家放牛,有一天我们在芦花丛里,把偷来的豆子放在瓦罐里煮,还没煮熟,大家便抢了起来,结果罐子打破,撒了一地的豆子,汤泼在泥里。你只顾满地捡豆子吃,不小心把红草叶子送到嘴里。叶子便在喉咙里,苦得厉害。幸亏我出了个主意,叫你把青菜叶子吞下去,才把红草叶子带到肚里去……"朱元璋在大殿上听了这些不顾体面的话,不等说完就喊道:"推出去斩了!"

两个穷朋友,叙述了同一件事,一个做了大官,一个丢了性命。归根到底是前者注意了角色关系,而后者却忽略了这一点。以前他们是一起玩耍的伙伴,但如今一个是皇帝,一个是贫民,怎么能同日而语呢?

在交流中我们应当注意人与人之间的关系,判断自己与交谈对象是否存在关系。又要注意判断面对的几个交谈对象之间是什么关系,还要判断交谈对象如交谈中所涉及的人物的关系,只有准确、清楚地判断这些关系,才能使交谈进行通畅。

（二）赞美要注意场合

赞美他人要灵活把握时机，要学会见机行事，即景生情，见什么人说什么话，到什么山上唱什么歌。例如，一个小姐，一袭白衣，亭亭玉立，你如果说一句："呀，小姐，你真美！宛如清水芙蓉，洁净如玉，恍若仙子。"这样一定会让她心花怒放。而若对方是一位新寡少妇，你这一句赞美定会让她感觉你不怀好意，认为你处世水平低劣，对你没有好感。

古代一位财主中年得子，非常高兴，摆了酒席宴请亲朋好友。亲戚朋友见了小孩都拣好听的话说，有的说这孩子大福大贵，将一定会做官，有的说这小孩一脸福相，将来一定家业兴旺。财主听了心里喜滋滋的，偏偏这时一个人说："这孩子将来一定会死。"此话一出，财主的好心情也没了，酒席草草结束。

此人讲的确是真话，生老病死，谁也逃脱不了，但他不掌握财主的心理需求，冒冒失失讲出这句话，让人又气又恼。

（三）赞美通常对事不对人

这种称赞，可以增强对方的成就感。如："你今天在会议上提出的维护宾馆声誉的意见很有见地。"这种称赞比较客观，容易被对方接受，同时也使对方感到领导对他的称赞是真诚的。

（四）注意说话语气

赞美他人要语气适当。同样一句话，如果语气不当，不但赞扬的意思表达不出来，反而会起到适得其反的效果，影响他人的情绪。A 和 B 两人去钓了四条鱼回来，A 的妻子说："钓了四条鱼呀。"而 B 的妻子略带夸张地感叹："钓了四条鱼啊！"意思是这么短时间内，丈夫竟钓了四条鱼，真了不起。夸张的感叹是对丈夫最好的奖赏。

学习行动

活动一：你能说出多少赞美的语言

分小组活动，以小组为单位，小组成员在规定的时间内，说出赞美他人的语言，赞美的内容包括外表、内在、生理层面、精神层面、肢体、感觉等等。评出说得越多、范围越广的小组为胜。

活动二：同学间的互相赞美

随机对班上五位同学进行赞美，然后请被赞美者谈谈感受，再由师生对赞美人语言进行点评。

活动三:运用赞美进行成功推销

一个推销员走进一家银行的经理办公室推销伪钞识别器。女经理正在埋头写一份东西,从其表情可以看出女经理情绪很糟;从烟灰缸中满满的烟头和桌上的混乱程度,可以判断女经理一定忙了很久。同时推销员也发现女经理有一头乌黑发亮的长发。

1.请一位同学扮演推销员,一位同学扮演女经理。
2.推销员怎样才能使女经理放下手中的活计,高兴地接受推销员呢?请做情景演示。

学习评估

你学会了赞美他人了吗?请参照以下题目进行选择。
1.你会觉得美好事物十分罕见的原因是(　　)
①世上真的很少有美好的事物
②你缺少一颗会欣赏的心灵
③你的见识面太窄了
④你缺少一双会发现的眼睛
　A.①②　　　　　B.②③　　　　　C.②④　　　　　D.①④
2.如果你学会了欣赏,善于发现,你将会(　　)
①眼界大开,讲究交往对象的地位和品位
②看到在你认识的每一个人身上,都有一些可爱的特质,都有令人愉快和感动之处
③发现你身边的事物、你身边的人,都有动人的光彩
④看到在你认识的每一个人身上,都有一些阴暗的东西,都有令人讨厌和反感之处
　A.①②　　　　　B.②③　　　　　C.③④　　　　　D.①③
3.下列看法中对"深刻的美"理解错误的是(　　)
　A.深刻的美,会超越我们感官的喜好,打动和丰富我们的心灵
　B.深刻的美,也许只是一个关怀的眼神、一句温暖的话语、一件微不足道的小事,无意中撞入你的内心
　C.深刻的美,指的是一定要有漂亮的相貌和出众的才华
　D.深刻的美,能在你心中引起美好的感觉,使你感慨回味,给你精神上的满足
4.下列行为中属于真诚赞美的是(　　)
①走在大街上,衣店老板冲你嚷嚷:"小姑娘,长得这么漂亮!来买套裙子吧!"
②家里来了客人,你热情地招待了他们,客人对你父母说:"你们真幸福,有一个又聪明又有礼貌的好儿子!"
③你参加学校运动会,获得了好成绩,为班级争得了荣誉,别班的同学碰到你时向你祝贺,并说:"你真了不起!"

④考试时,你递送答案给你的好朋友。事后,你的好朋友请你吃饭并说:"你真够义气!你是我的最好的朋友。"

  A.①②   B.①④   C.②③   D.③④

5.中午睡觉时,小晴还在那儿背英语单词,影响大家的休息,你会(　　)

  A.赞美她学习认真刻苦,劝她先休息一下再背效果会更好

  B.直接告诉她,她影响了大家的休息

  C.不予理会,反正又不是我一个人在睡觉

  D.非常生气,也起来背单词,声音更大

6."在指责中长大的孩子,将来容易怨天尤人;在敌意中长大的孩子,将来容易好斗逞强;在恐惧中长大的孩子,将来容易畏首畏尾;在嘲讽中长大的孩子,将来容易消极退缩。"对于这段话理解不正确的是(　　)

  A.欣赏他人,就是学会发现他人的可爱之处

  B.欣赏,是审美能力的体现

  C.欣赏,是积极的人生态度的体现

  D.欣赏他人,就应该包容他人的一切缺点

7.历史上,虽然有一段时间,法拉第的突出成就引起戴维的嫉妒,但两人的友谊仍被世人所称道。法拉第未和戴维相识前,就给戴维写信:"戴维先生,您的讲演真好,我简直听得入迷了,我热爱化学,我想拜您为师……"收到信后,戴维便约见了法拉第。后来,法拉第成了近代电磁学的奠基人,名满欧洲,他也总忘不了戴维,说:"是他把我领进科学殿堂大门的!"根据这个故事,下列说法你不赞同(　　)

  A.这份情缘的取得少不了法拉第对戴维的真诚赞美这个原因

  B.法拉第的赞美增加戴维的自大和傲慢

  C.有效的赞美增进了两人之间的交流

  D.赞美增进了双方的友谊

8.你的好朋友是一个胆小的人,他常常为此而发愁。你会赞美他说(　　)

  A.性格是天生的,是无法改变的

  B.胆小的人做事细心、谨慎,不易犯错

  C.经常锻炼,胆子就会大起来

  D.胆小就能平安

9.克雷尔特说:"任何看似愚蠢的东西,它一定也有值得喝彩的地方。"这启示我们要学会(　　)

  A.欣赏别人   B.与别人合作

  C.与别人平等相待   D.与别人共处

10.刘备欣赏诸葛亮的绝世智慧,礼贤下士,留下了"三顾茅庐"的佳话;唐太宗任人唯贤,欣赏魏征的直言相谏,才出现了历史上的"贞观之治"。可见,欣赏别人(　　)

  ①能成就自己

  ②能使自己获益匪浅

  ③会贬抑自我发展

④能与别人共同发展

A.①②③　　　　　　B.②③④　　　　　　C.①②④　　　　　　D.①③④

延伸思考

一、演练题

【演练1】某市文化公司要建一座影剧院。这一天,公司王经理正在办公,家具公司的李经理找上门来推销座椅。"哟!好气派。我从未见过这样漂亮的办公室,如果我有一间这样的办公室,此生足矣。"李经理这样开始了他的谈话。他用手摸了摸办公椅扶手:"这不是香山红木吗?难得一见的上等木料哇!""是吗?"王经理的自豪感油然而生。他说:"整个办公室是请深圳的装潢厂家装修的。"说罢,不无炫耀地带着李经理参观了整个办公室,兴致勃勃地介绍设计比例、装修材料、色彩调配,兴奋之情,溢于言表。

不用说,李经理顺利地拿到了王经理签字的影剧院座椅订购合同。他得到了满足,他也给了王经理一种满足。

请分析李经理的成功之处在哪里。

【演练2】某公司一位职员,有一次和他的同事在一起聊天儿,这位同事说:"咱们老板真不错,他教给我们不少东西,我打心眼儿里佩服他。"后来老板找这位职员谈话,无意中这位职员把他同事的话说出来了,老板当时就问他什么时候、在什么地点说的,问得很仔细。

在后来的几天,这位职员发现,老板对他的这位同事有点另眼相看,经常和他谈话。他的同事觉得很奇怪,跑过来问他为什么。这位职员告诉他,就是因为你在背后说了老板的好话。他才恍然大悟,原来就那么一句话呀。

请你观察生活中背后赞美别人的现象,并说明这种做法的好处。

【演练3】到一个摄影爱好者家里,对他用自己拍的照片做的窗帘视而不见,却只笼统地说:你的房间很漂亮!

请你做点评,这样的赞扬是不是最佳的方式。

【演练4】琳琳到小涛宿舍玩,看到小涛床铺的墙上贴了好几幅画,就问小涛:"这是你自己画的吗?"小涛说:"是的,我画着玩的。"琳琳吃惊地说:"哇!怪不得同学们都说你的画儿画得好!果真是这样。"

请分析这是属于哪种赞美技巧?有什么效果?

二、补充案例(教师可设计问题,供学生学习分析)

【案例1】1889年,清廷任张之洞为湖北总督。新任伊始,适逢新春佳节,抚军谭继询为了讨好张之洞,设宴招待张之洞,不料席间谭继洵与张之洞因长江的宽度争论不休。谭继洵说五里三,张之洞认为是七里三,两人各持己见,互不相让。眼见气氛紧张,席间谁也不敢出来相劝。这时位列末座的江夏知县陈树屏说:"水涨七里三,水落五里三,制台、中丞说得都对。"这句话给俩人解了围,都拊掌大笑,并赏了陈树屏20锭大银。

【案例2】1971年7月29日,基辛格率代表团秘密访华,进行打破中美中断20年外交僵局的谈判。来华前,尼克松总统曾不止一次为他们设想这次会谈的情形,以为中方会大拍桌子叫喊打倒美帝国主义,勒令他们退出台湾,滚出东南亚。为此基辛格一行非常紧张。但事实出乎他们的意料。周恩来总理在钓鱼台国宾馆亲切会见了他们。周恩来总理微笑着握着辛基格的手,友好地说:"这是中美两国高级官员二十几年来第一次握手。"当基辛格把随行人员一一介绍给周恩来时,他的赞美更出乎他们的意料,他握住霍尔德里奇的手说:"我知道,你会讲北京话,还会讲广东话。广东话连我都讲不好。你是在香港学的吧!"又对斯迈泽说:"我读过你在《外交季刊》上发表的关于日本的论文,希望你也写一篇关于中国的。"最后他握住洛德的手说:"小伙子,好年轻,我们该是半个亲戚,我知道你的妻子是中国人,在写小说。我愿意读到她的书,欢迎她回来访问。"

【案例3】元旦晚会上,大家都兴高采烈,有说有笑,台上节目精彩纷呈,只有小王一个人坐在角落里闷不作声,心事重重。这时主持人发现了他的变化。他想:"小王平时表现挺积极,做事挺热情,今天怎么了?"他又想到小王是新转来的学生,可能想以前的同学了。他于是对大家说:"小王是这学期刚转咱们班的,平时各方面表现很积极,与同学关系也很融洽,现在我们就像是一家人了,共欢乐、共进步。现在,让小王为我们唱支歌,好吗?"小王听了这番话,被深深感动,感到了新班集体的温暖和凝聚力,很快与大家融在了一起。

项目六　学会批评

项目介绍

就本质而言,批评是令对方产生不快,感到心理压力的活动。没有人喜欢受到批评,涵养再高的人在内心里也是讨厌被批评的。正因为如此,如果批评的方式不得当的话,就很容易给双方的关系和工作带来消极的影响。真正做到恰到好处的批评无疑是一门学问。本项目主要探讨批评的作用、批评的基本原则、批评的技巧以及批评中所要注意的事项。

学习目标

掌握批评的基本原则、方法和技巧。对沟通对象进行实事求是、清楚明白、措辞委婉、语气适当的批评,让受批评者能欣然接受,达到批评的真正效果。

学习导入

一对夫妇在贴墙纸。丈夫认为妻子贴得不好,他说:"你贴得太难看了!我是个追求尽善尽美的人,而你却正相反,做事总是粗心大意。"妻子大怒,干脆"罢工"不干了。

你若是这位妻子,如何回应对方的指责,化解即将爆发的内战呢?

学习准备

一、批评的作用

赞美是鼓励,批评是监督;赞美如阳光,批评似雨露。批评他人时,一定要讲究策略,一时冲动,为逞口舌之快就口无遮拦,是十分愚蠢的做法。我们需要真诚的赞美,也需要善意的批评。批评是使人认识到缺点、改正错误以利于进步的良药。很少有人一生没病,没经过药物的治疗,同样,也很少有人在成长的过程中没犯过错误,没经受过他人的批评。研究与实践证明,批评的效果在很大程度上取决于批评的方法技巧。那种认为"良药苦口利于病,忠言逆耳利于行"的传统观念,反映了轻视批评技巧的错误倾向,现在看来,是很不足取的。因为它显然违背了科学规律,事实是,良药未必苦口,忠言未必逆耳。为了使我们的批评产生最佳的效果,给我们的生活和工作带来更多的愉快,我们必须掌握并能熟练运用有效的批评技巧。

二、批评的基本原则

(一)态度真诚,发自内心

批评别人是为了指导、帮助他人,并不是为了惩罚别人,因此要有良好的动机,有爱人之心、助人之意,而不是泄私愤、图报复。真诚、善意的批评,是充满热情和宽容的,而不是冷漠和尖刻的,要尊重对方的人格,不伤害对方的自尊心,这样才能使对方感受到批评者的真诚和善意,心悦诚服地接受批评,批评方能奏效。

(二)实事求是,措辞得当

在批评别人时,更要注意不能夸大其词,要实事求是。批评要有根有据。以教师批评学生为例,批评学生,首先要摸准情况,对问题的来龙去脉、形成原因要做周密的调查和了解,这样,批评有根有据、实事求是,能使犯错误的学生无言以对,自知理亏。在此基础上,有针对性地进一步摆事实、讲道理,耐心细致地分析问题,帮助学生分清是非、认识错误,就能使犯错误的学生心服口服。再者,批评的措辞也要非常注意。批评别人的词语要准确,态度要温和委婉,不可用一些刺激性的、让人听了不舒服的词语,以免事与愿违。

(三)批评有针对性,表达清楚明白

批评要有针对性,要定准批评的目标,针对某一具体行为而发,要指定某一件事情,不要用"总是""从来""根本"等字眼,将对方的所有行为都笼统地纳入批评目标。再者,要清楚明白地说出要说的话,让别人能听懂。批评要力求具体,不可含糊其词,使被批评者"丈二和尚摸不着头脑"。例如某企业一位经理批评一名职员,说他"在不该管的事情上耗费了太多的时间",说完就走了。这名职员左思右想,不解其意。尔后这位经理也未再提起这句话,害得这职员惶惶不可终日,在随后的工作中总是唯恐自己因工作、处事不当而受罚,小心谨慎。含糊不清的批评令听者糊涂而不知所措,也许会觉得无论怎样改也不能令对方满意,索性置批评于不顾,其结果是事与愿违。

三、批评的技巧

(一)从称赞入手

先赞赏对方的某一长处,营造良好的心理氛围,然后再加以批评。批评需要营造适宜的氛围,在冷冰冰的气氛里很难收到良好的批评效果。如果在批评之前先表示对对方某一长处的赞赏,肯定对方的价值,满足其某种心理需要,那么就能够制造出较好的气氛,一方面削弱批评本身让人难以接受的程度,另一方面也使被批评者不致产生逆反心理。

先谈别人过去的成就,再谈他的现状,从今昔的对比中含蓄地提出批评。有些人之所以在学习和工作上止步不前,甚至下滑不止,是因为他过度满足于已有成绩所带来的荣耀和安逸,却打不起精神来继续奋发,超越既往。对于这一类人,我们可以采用委婉的表达方式谈一谈他们过去曾有的成绩和辉煌,再谈一谈眼下的无所作为,黯淡无光,通过强调前后的反差来含蓄地提出批评,使之意识到自己此时的处境和肩上的责任,从而重新振作起来。这也是从赞扬入手的一种批评。

剧作家曹禺曾收到过一封批评信件,那是画家黄永玉写的,其中说道:"你曾是一片大海,而今却成了一条小溪。"此言令曹禺大为感慨,于是将信裱成条幅,悬于客厅,甚至美国剧作家阿瑟·密勒来访,曹禺同样一字不漏地念给他听。

曹禺在新中国成立前曾写出《雷雨》《日出》等名剧,新中国成立后却长时间在艺术上止步不前,没有新的突破。画家黄永玉充分考虑到了曹禺作为戏剧界老前辈的地位,没有采用直接的批评方式,而是赠给他一副含蓄的条幅,形象地暗示他早年与现今在艺术建树上的强烈反差,使曹禺感受到强烈的震动,从而达到了批评的效果。

美国总统卡尔文·柯立芝任职期间,在一个周末,曾对他的一位女秘书说:"你穿的这套衣服很漂亮,你是一个很有魅力的女子。"柯立芝生性比较沉默寡言,这大概是他有生以来对一位秘书的最热情的赞辞了。这对于那位秘书来说,这太意外了,太不寻常了,使得她不知所措。柯立芝接着说:"好啦,别愣在那儿,从现在起,我希望你对标点符号再注意点。"

在本例中,柯立芝抓住年轻的女秘书爱慕虚荣、好面子的心理,没有直接对她提出批评,以免刺伤她的自尊,而是采用欲贬先扬的手法,先赞赏女秘书的魅力,使她女性特有的虚荣心理得到很大满足,然后在此基础上提出批评。这样一来,女秘书一方面获得了心理上的满足,一方面又并没有因批评而丢面子,对批评也就更容易接受了。

一位厂长沉着脸对一个迟到了5分钟的工人说:"迟到了!——扣奖金!"这位工人答道:"扣就扣,有什么了不起的。"结果以后几天他虽然没有迟到,可工作无精打采,毫无成效。

另一位厂长对一个因理发迟到的青年职工这样批评:"小伙子,这次改了头型,挺帅!但是今天迟到了,快去车间多加把劲,把任务赶出来。"后者愉快地接受了批评,并且立即落实到行动上,回到车间"将功补过"提高了工作效率,以后再也没有迟到过。

同样对迟到现象进行批评,效果却完全不一样。前一个厂长不讲方法,简单粗暴,结果引起反感,没有使批评达到预期的目的;而后一个厂长在批评之前进行称赞,然后转入批评,因此效果很好。

通常,我们听到别人对我们某些长处的赞扬之后,再去听一些比较令人痛苦的批评,总是好受得多。用赞美的方式开始,就好像牙科医生用了麻醉剂之后再拔牙,理发师在客人脸上涂肥皂沫之后再刮脸一样,目的就是减少不快和痛苦。

有时,我们甚至不提对方的错误,只是巧妙地赞扬对方的错误之中某一值得肯定之处,同样能达到批评的目的。下面这个例子可以说是这一技巧的绝妙运用。

某大学召开全校性的"先进教研室表彰大会",会议在下午1:30分开始,会后有电影。个别职工三点半才到会,显然是来看电影的。大会主持人在会议总结时,一本正经地说:"很多同志都积极来参加会议,甚至有的同志三点半还不辞辛苦地赶到会场,这种精神的确让人感动。"台下顿时充满了愉快的笑声,那些迟到者也难为情地笑了。这种"称赞"式的批评显然有其特殊的效果。

(二)暗示批评法

受到批评者难免有某种不快之感。有时当面指出错误会造成顽强的反抗,而巧妙地暗示对方意识到自己的错误,会使他认识并主动改正错误,这就是暗示批评法。

有位抱小孩的妇女上车后,一个青年主动让座给她,她连谢都没谢一声,就心安理得地坐下了。那青年突然对她说:"嗯?你说什么?"妇女莫名其妙:"我没说什么呀!"青年道:"哦,对不起,我以为你说了'谢谢'呢。"妇女听了后,恍然大悟,面带羞色地说:"哦,太不好意思了,谢谢你。"

这个青年的方法可能有点太明显,但其心理策略则很高明,假如他这样说:"这人怎么连一声'谢谢'都不会说呢?"那么对方绝不会道歉,顶多给你一个冷冷的"谢谢"。

有位顾客走进一栋新建的公寓,询问房屋售价。售屋小姐说:"一楼90万,二楼80万,三楼70万,四楼60万。"顾客考虑了一下,转身就走。小姐问:"这栋公寓不合你的意吗?""不,我很满意,它的环境好,交通又方便,只是你们盖的不够高。"多么巧妙的暗示!他借楼层低来暗示价格昂贵,这个批评真是高明得很。

上海某钢铁厂的青工王某擅自从厂内拿了几块木板回家做书橱。事发后,王某所在的机动科科长老吴找他谈话,一开口便说:"木板是国家的财产,你私自拿回去做家具,你的行为太缺德。"王某一听,顿时火了起来,与老吴顶撞起来。第二天,机动科支部书记小赵找小王谈话,小赵说:"厂里的木板是国家的财产,大家都不能占为己有,如果大家都拿回去做家具,能行吗?"小王听后低下了头。

在本例中,老吴和小赵都对犯错者李某进行了批评,但是得到的效果却大相径庭。原因就在于老吴采用直截了当的方式批评李某,触痛了他的自尊心;而小赵则采用了暗指式的批评方法在称谓上做文章,把"小王"代换为"大家",使小王在感情上容易接受,因而收到了较好的批评效果。

《红楼梦》里,贾母偏爱贾政。有一次大家轮流讲笑话,轮到贾赦时,他讲道:"一个郎中给老太太扎针治病,结果却没扎到,原来老年人的心都是'偏'的。"贾母听了自然"心领神会"。

对地位比自己高或自己很敬重的人的错误提出批评,为了不伤对方的自尊,采用这种暗示批评法是较为高明的。

(三)先己后人法

所谓先己后人法,指的是先谈自身的错误,然后再批评对方的方法。谦虚是一个人的美德,赞扬是获得友谊的桥梁。但是,如果我们一时找不出赞美之辞,而又需要批评对方时,那么你可以表现谦虚的美德,从批评自己开始先谈自己曾经犯过和对方类似的错误,拉近和对方的心理距离,营造坦诚相见的良好气氛;然后对对方的行为加以批评。在批评他人之前先谈一谈自己从前做过的类似错事,一方面可以为对方提供活生生的例证,让他从这例证中认识到犯错的严重后果;另一方面也可以带给对方一定程度的认同感,拉近彼此的心理距离,营造出心胸开阔、坦诚相见的良好的批评氛围,从而使对方更容易接受。很多人没有意识到这一点,批评他人时总是既不赞扬对方,也不自我批评,只是一味谴责对方,结果他们常常遭到无情的回击:"你就没错吗?别这么自以为了不起,好像你就是正确的化身……"

有个叫约瑟芬的食品店店员,在一次运货时因马虎使食品店损失了两箱果酱。为此,老板对他进行了一番批评:"约瑟芬,你犯了个错。但上帝知道,我犯的许多错误比你还糟。你不可能天生就万事精通,那只有在实际的经验中才能获得。而且,你比我在这方面强多了,我还曾作过那么多愚蠢的事,所以我不愿批评任何人,但你难道不认为,如果换一种做法的话,事情会更好一点吗?"约瑟芬愉快地接受了老板的批评,从此做事认真多了。

在本例中,食品店老板对下属的批评有一个突出的特点,那就是把下属犯的错误和自己曾经犯过的错误结合到一起,一边批评一边做自我批评,让下属感到老板严厉中藏着理解,责怪中藏着信任,既不刺伤下属的自尊又很容易引发其认同感,让下属在一种坦诚的气氛中接受了老板的批评。

数学老师老王批评一个数学成绩较差的学生时说:"我像你这个年龄时,数学成绩全班倒数第一。后来我不信我学不好数学,下大力气拼命地攻它,做了大量的习题,不懂就问老师、同学,最后终于成了班级的数学尖子。我想你现在的条件比我好多了,只要加把劲肯定能上去,你为什么不试试看呢?"这个学生从此努力攻数学,终于取得了好成绩,并在市中学生数学竞赛中取得了第三名。

教师们运用这种先己后人的方法常能取得奇效。

某公司老尤发现他的司机小杨用公车办私事,于是他找到小杨说:"小杨,你忘了吗?上次我用这车送了一次亲戚,结果受到公司的批评,我还做了公开的检讨,我现在已经认识到这一错误,你今天怎么又重蹈覆辙呢?你以后可得多加注意啊!"小杨听了忙点头称是,并保证以后再也不重犯。

试想,如果老尤只是一味批评小杨,不谈自己的过错,那么,小杨可能嘴上不说,心里也会想:就知道说别人,你不也用公车办过私事吗?这样的话,以后他还会犯类似的错误。

(四)以问代责法

将批评谴责的话用疑问句形式表达出来,让对方自己认识到错误,这种批评方法叫以问代责法。

有个学生写一篇演讲稿请老师批评指正。老师看过后,指出其中一个错误时说:"你看,这样说,是不是容易引起别人的误解,以为你在自我夸耀?换一种说法,比如这样说,……你看是不是就更恰当一些?"学生愉快地接受了批评,并按老师的要求做了改动。

有时,即使你是在纠正一个明显的错误,如果你用粗暴的态度提出批评,命令对方承认错误,那么,效果也不会好;相反,你用温和的提问代替直接的谴责却常可使对方承认错误,接受批评,并迅速改正。

律师老贾在饭馆就餐,菜端上来后,他发现菜里有一只小虫子。他并没大喊大叫,只是请来老板,用一种不被旁人听到而又风趣的语气对老板说:"你瞧,这只可爱的小虫子倒未请先尝了,请你告诉我,我如何对它的侵权行为打官司呢?"老板负疚而激动地说:"真对不起,是我们的疏忽,我马上给你换一盘新的。谢谢你……"一分钟后,一盘新炒的菜由老板亲自端了上来。临别时,老板对律师说:"你是我们餐馆最最尊贵的客人。"

试想,如果老贾大喊大叫,命令老板换菜,那么,一种可能是换了菜,可双方都不愉快,老贾这顿饭也吃不好;另一种可能是老贾退钱离去,饿了自己,添了一肚子的气。

(五)激励式的批评

指出别人潜在的优势,表明他有能力做好事情或改正错误。一个人犯了错误受到批评,对当事人而言既是一段痛苦的经历,又是一次对信心的打击,很容易使他对错误耿耿于怀,对个人的能力产生根本性的怀疑。我们在批评犯错者时,主要目的当然是指出错误令其改正,但同时注意不要挫伤对方的自信心和积极性。不但不要挫伤,相反,我们在批评时一方面应恰到好处地指出对方的潜在优势或成绩,以此调动他的自信心和积极性;另一方面还要尽量帮助对方分析犯错误的原因,为其提供切实可行的解决办法。只有这样做,犯错者才能够更好地恢复信心,更快地返回正常的学习和工作轨道。

在一个书法培训班上,有一位学员的起点很低,特别在运笔方面总是犯低级的错误。他对比别人,感到很沮丧。培训班的老师知道了他的情况,并没有责怪他起点太低或练习不勤,而是对他说:"你的书法天赋不错,对于书法的艺术感觉是可以的,虽然在运笔方面还有些欠缺,但这是初学者都会犯的毛病,多练习几遍,心思多注意一下就好了。"那位学员听了老师的话,认识到自己的错误其实并不是很难改正的,于是对练习书法又充满了信心,运笔的毛病也慢慢改好了。

谁都不愿犯错,可是在学习、工作和生活中,因为能力、经验、阅历等诸方面的不足,犯错总是在所难免的。对于这类错误,我们应当像上例中的书法教师一样,采用激励式的批评方法,指出犯错者身上的潜在优势,打消他对个人能力的怀疑,使他相信自己是有能力修正错误、把事情做好的。

范承柞是外交部一名翻译,一次参加周总理的外事活动,总理同友人谈到中国气候时,突然问范承柞:"你说台风是来自哪儿?"范小心翼翼答道:"台风来自台湾海峡吧……"周总理听罢神色严肃起来,当着外宾的面批评道:"我们外交部的翻译,一不学历史,二不学地理,哪里有台风来自台湾海峡的道理呢?台风是来自菲律宾深海区域嘛!"眼见范承柞的尴尬,周总理的批评点到为止,话锋一转又说,"范承柞同志是我的老乡,多次为我做翻译,我对他很了解。我今天这样批评他,并不是他平时的工作没做好。他还是积极的、勤奋的,为人也诚实。"范承柞事后说,这堂"气象课"上得及时,使自己从此更加勤奋学习了,以免再开"黄腔"。

周总理是一位在交际方面堪称大师的人物。在批评下级时,他虽然语气严厉,一下子点到实处,但并不忽略下级此时此刻的心理。一方面,他帮助下属分析出现问题的原因,让他们知道今后如何去做;另一方面他又对下级以前的工作态度和工作成绩予以肯定,给他们以宝贵的信任和鼓励。这样的批评方式,无疑是非常有助于达到批评的最终目的的。

(六)建议式批评

以建议的方式向对方提出正确的做法,从而否定对方的不正确的行动。

"意见"和"建议"两词的区别就在于前者是否定性的,而后者是建设性的,相形之下,人们更容易接受建议而不是意见。建设性的批评可以削弱批评中的否定性因素,制造出良好的解决问题、改进工作的气氛,在这样的气氛中,被批评者既没有从批评中感受到太多不快,又自然而然地放弃了原先不正确的做法。

某家具厂常年生产木质家具,工厂的墙上到处贴着"禁止吸烟"的标语。有一天,青工李某憋不住烟瘾,在厂区内抽起来了,恰巧被厂长看见了。李某惊恐万分,以为这下厂长要狠狠地批评他了,不料,厂长走到这个青工面前,拍拍他的肩膀,然后说:"年轻人,我很欣赏你把烟拿到外面去抽。这样,工厂的安全措施就更加落实了。"李某感到出乎意料,愉快地接受了厂长的批评。

在本例中,厂长成功地采用了建议式的批评方法。正当青工小李因害怕被狠狠批评而承受巨大心理压力时,厂长并没有直接批评他的错误行为以及这种行为可能带来的严重后果,而是用建议的方式为小李提供了另外可供选择的行为方式,使小李自然地认识到自己的错误,愉快地接受了批评。

这样的方法有时也可以避而不谈对方的错误,着眼未来,表明自己相信对方,能够改正自己的错误。当事人犯了错误,就像长出疮疤的病人,最忌讳别人提及,批评者过多地纠缠于错误本身及其后果只会让他厌烦痛苦,丧失信心,甚至于怀着破罐破摔的心态进行顶撞。既然错误已经过去,倒不如既往不咎,引导犯错者着眼未来,为做好明天的事情而吸取教训,细心准备。也是建议式方法的运用。

丹麦一家玩具店的老板,因待人宽厚而备受员工的拥戴。有一次,员工汤米因马虎而毁掉了近百件玩具手枪,害怕得不得了。正当他准备面对老板的厉声斥责时,老板却安静地走过来,拍了拍他的肩膀说:"汤米,你不用担心我会辞退你,既然事故已经发生了,那么我并不打算追究你的责任,让我们一起从现在这一分钟开始,想一想下面的工作该怎样完成吧!"汤米听罢,万分惭愧地低下了头。

员工汤米在工作上犯了错误,这错误的性质及其后果他是非常清楚的,因此老板并没有过多地强调错误的危害性,而是采取了既往不咎的宽容姿态,引导汤米着眼于未来更繁重的工作和更重大的责任。相信汤米在接受了这样的批评之后,一定会在以后的工作中有令人满意的表现。

(七)幽默批评法

用幽默的语言进行批评,使对方在笑声中认识到自己的错误,这种批评方法就叫幽默批评法。

萧伯纳有一次被一个冒失的骑车人撞倒,肇事者吓得六神无主、手足无措,连连向他道歉。萧伯纳起来后,笑着说:"先生,你比我更倒霉,要是你再加把劲,那就可以作为撞死萧伯纳的好汉而名垂青史啦!"

某饭店的米饭做夹生了,一顾客对服务员说道:"你们饭店的米饭真不错,花样繁多。"服务员大惑不解:"不就是一种吗?""不,有生的,有熟的,还有半生不熟的。""啊!"服务员连忙道歉。

有时,即使是很严肃的批评,也可用幽默的话语来表达。

美国总统威尔逊曾任新泽西州长。有一次他的好朋友——州议员去世,他立即取消一切约会。几分钟后,一个政客打来电话:"州长,我……希望代替那位议员的位置。"他非常反感,答道:"好的,如果殡仪馆同意的话,我本人没意见。"

拿破仑是个小个子。有一次,一名比他高出一头的军官犯了很严重的错误,他非常气愤地对他说:"如果你再犯类似的错误,我将取消我们之间的区别。"

拿破仑利用双方身高的差别,把"砍掉对方的头"说成"取消我们之间的区别",真是幽默到家了。可见,有时最严厉批评也可能融进幽默的语言之中。

当然,要注意幽默批评法的使用场合以及对象,不可滥用,否则,可能会引起对方强烈的反感。

(八)留有余地法

对他人的错误抱着体谅、理解的态度,批评时让他保住自己的面子,说些充分谅解的话,这种批评方法就是所谓的留有余地法。

生活中谁都难免出错,如果因一次错误被骂得狗血喷头,贬得一文不值,那么他的自尊心就会受到严重伤害,甚至可能因此而致命。不少家长在自己的子女高考落榜以后,不考虑子女的感觉及自尊,只是尽情地"发泄"自己的"批评",极尽羞辱之能事:"真是笨蛋一个!白花了那么多钱供你念书,不如喂一条狗!我天天苦口婆心地让你刻苦学习,可你就是不听。看来你什么也干不成,以后就扫大街去吧!……"结果,自杀身亡的学生大有人在,家长悔之莫及!而有的家长则很明智,他对落榜子女这样说:"别上火,你已经尽了最大的努力,没什么可自责的。这次考试据我所知,很多人都没考出最佳水平。我想,只要你以后再稍作努力,多下一些工夫,下次考试会如愿以偿。"孩子听了这样的话,当然愿加倍努力学习,改正自己不认真学习的毛病。

下例中的售票员也成功地使用了留有余地的批评方法。

公共汽车上,一男子到站下车,售票员验票,可他没买。车上的乘客一时议论纷纷,有指责的,有嘲笑的,弄得他很难堪。这时售票员温和地说:"你是不是把月票忘在家里了?"他如释重负,立刻说:"对,对,我补票。"售票员给他补过票之后,语重心长地说:"你下次可得注意啊!""一定注意,一定注意!"那男子忙道。

此例里,那男子本来是有意不买票乘车,想占小便宜,但售票员看到他已很难堪,给了他一个台阶,让他保住了面子,然后一语双关地提醒他再不要犯这个错误,效果很好。假如售票员这样说"挺大个人坐车不买票,太不自觉了。"那男子也不会心甘情愿,很有可能恼羞成怒,破口大骂。总之,当你想批评一个人的时候,一定要劳神想一下,如何给他留点面子。

(九)惩戒法

通过惩戒使对方认识自己的错误,引起注意,然后指出他的错误。这种方法称为惩戒法。

生活中总有一些不撞南墙不回头的顽固分子,他们总是固执己见,不肯接受任何批评。对这种人,采取惩戒法有时很有效,先让他尝尝错误的恶果,然后指出他的错误,使其醒悟。

有这么一个笑话。父亲禁止儿子在吃饭的时候说话,儿子问:"任何话都不能说吗?"父亲答:"是的,不管什么话都不能说。"有一天吃饭的时候,儿子忽然惊看埋头吃饭的父亲。饭后,父亲问儿子:"你吃饭的时候为什么吃惊地看着我?"儿子问:"爸爸,苍蝇好吃吗?""废话!当然不好吃!""我刚才看见一只苍蝇粘在饭粒上,可你吃得很香。"父亲大怒:"那你怎么不说一声?"儿子答道:"您不让我在吃饭的时候说话呀!"父亲语塞。

这则笑话生动地体现了惩戒法的妙用!

四、批评注意点

(一)批评要因人而异

1.确定年龄阶段

年龄大的采用商榷式的语言;年龄相近的人,采用自由交谈;对年龄比自己小的人,可用开导性语言使其加深认识。同时,批评时还要注意称谓,年长者加上谦语或职务,年龄相近的可直呼其名。

2.区别职业、级别

职业不同有其相应的批评要求。同一行业,也因不同工种、不同级别有所区别。对那些工作能手和初学者的要求不一样,批评也不相同;担任领导职务和一般工作人员批评也不同。一般地说,工作能手和行政级别高些的人,要求也相对严格些,批评也严厉些。

3.分清知识结构

不同职员的知识结构、阅历情况不同,必须根据其知识、阅历的不同,运用不同的语言艺术来展开批评。有几十年工龄的老同志,你一声轻叹,就会勾起他对过去的回忆,从而激发其心中的共鸣;受过高等教育的下级,可能因你对某些艰深理论的熟谙而产生由衷的敬意……知识、阅历深的人需要讲清道理,必要时只需蜻蜓点水,他便心领神会,而不需唠唠叨叨,没完没了。相反,对知识、阅历浅的人必须分析、讲清利害关系,他们看重的是结果如何,而不理会其中的奥秘究竟怎样;之乎者也,只能使他们如入云雾,辨不出东西南北。较为传统的老同志不喜欢开放性的词句,五光十色的世界令他们目不暇接,莫不如通过对往日的回忆给他们安慰。年轻人讨厌那些陈腐的说教和诡秘的人际关系,他们需要理解,喜欢直来直去。可见,不同知识结构、不同阅历的人,在接受批评时的心理状况有很大的差别。

4.摸清心理情况

心理,主要指人的气质、性格、对工作的兴趣和自我更正能力。

按心理学的分类,人的气质主要分为胆汁质、多血质、黏液质、抑郁质四种类型。胆汁质的人情绪外露,一点即爆,不宜使用带有更多情感色彩的语言,但也不能因怕起"火"而不敢点,而是要摆事实和道理,不给其发作的机会。多血质的人较随和,但因其性情体验不深而要特别在逻辑和道理上下功夫。黏液质的人虽稳重但生气不足,因此要适当给予情感刺激,激发其朝气和前进的活力。抑郁质的人,由于心细而内向,批评时宜点到为妥,并尽量消除彼此之间的距离感,增加情感上的认同。但实际生活中的人不是以单一的气质类型出现的,更多的是混合型,所以批评要针对不同状况,综合运用各种语言艺术,达到批评的目的。

有些心理学家把人的性格分为外倾型和内倾型两类。外倾型开朗、活泼、善于交际,可直截了当,谈话干净利落;内倾型孤僻、恬静、处世谨慎,要委婉,措辞要注意斟酌;中间类型的人,可根据实际情况随机应变、因人而异。

一般地说,对改进工作有浓厚兴趣的人,大多希望能得到他人的批评指正;相反,对工作缺乏兴趣的人,必须多费口舌调动或激发其改正工作的兴趣;对无视批评、屡教不改的人,在严厉批评的同时,也要采取一定的纪律或行政措施加以督促。对有很强的自我更正能力的人,批评者只需用中性、平静的语言提醒他注意即可;人的能力有高低之分,对于那些能力弱的人,自然要提供更多的帮助,必要时甚至调换其工作。

(二)批评要及时

在发现下属有错误时,要掌握速战速决的原则,立即采取行动,随时发现,随时批评,不拖延。如果拖延,对方可能会想:"我一直都是这么做,怎么你过去就没意见呢?"这容易让对方产生种种猜测,以为是另有原因,产生了不必要的隔阂,给今后的工作带来阻力。同时你自己也可能把时间淡忘了,旧事重提,其震撼力就大打折扣,而且错误的改正力度也大大降低。

(三)注意批评的12戒

1.戒无凭无据,捕风捉影

批评的前提是实事求是、责任分明、有理有据。但是,在现实中常常见到有人批评他人时,事先不调查、不了解,只凭一些道听途说,或者只凭某个人打的"小报告",就信以为真,就去胡乱批评人,结果给人留下"蓄意整人"的坏印象。

2.戒大发雷霆,恶语伤人

人人都有自尊心,即使犯了错误的人也是如此。批评时要顾及他人的自尊心,切不可随便加以伤害。因此,批评人时应当心平气和、春风化雨,不要横眉怒目,以为这样才能显示批评者的威风。实际上,这样做最容易伤害对方的自尊心,导致矛盾的激化。因此,批评人应力戒发怒。当你怒火正盛时,最好先别批评人,待心情平静下来后再去批评。

常言说:"良言一句三冬暖,恶语伤人六月寒。"切忌讽刺、挖苦,恶语伤人。下级虽有过错,但在人格上应与上级完全平等,不能随意贬低甚至污辱对方。

3.戒吹毛求疵,过于挑剔

批评人是必要的,但并不是事事都要批评。对于那些鸡毛蒜皮的小问题、小毛病,只要无关大局,应当采取宽容态度,切不可斤斤计较、过于挑剔。这种做法,只能使人谨小慎微,无所适从,不求有功,但求无过,甚至产生离心作用。

4.戒不分场合,随处发威

批评人必须讲究场合和范围。有的批评可在大会上进行,而有的只能进行个别批评。若不注意批评的场合和范围,随便把只能找本人谈的问题拿到大会上讲,就会使对方感到无脸见人,不利于问题的解决。批评人,特别要注意不要随便当着对方下级的面或客人的面批评他。否则,对方会认为你是故意丢他的脸,出他的丑,使他难堪,会引起对方公开对抗。许多争吵,往往是由于批评的场合不对引起的。

5.戒乘人不备,突然袭击

批评人,事先最好打个招呼,使对方先有一定的心理准备,然后再批评,对方不至于感到突然。比如,有的人做错事,但本人并没有意识到。这时应当先通过适当时机吹吹风,或指定与对方关系较好的人先去提醒他,使其先自行反省,然后再正式批评他,指出其错误所在。这样他有了心理准备,不至于感到突然,就比较容易接受批评了。反之,如果对方尚未认识到自己有错,就突然受到批评,不仅会不知所措,还会怀疑你批评人的诚意。

6.戒清算总账,揭人老底

批评应当针对当前发生的问题,尽量不要拉扯出过去的问题。有些思想工作者为了说服对方认识问题,或为了证明对方当前的行为是错误的,便把心中积存的有关"问题"全部数落出来。这样做,只能使对万感到你一直暗地注意收集他的问题,这一次是和他算总账,从而产生对立情绪。

7.戒威胁逼迫,以势压人

批评人只有在平等的气氛中进行,才容易被人接受。如果摆出居高临下、盛气凌人的架势,说不服就压服,动不动就说:"是我说了算,还是你说了算?"或下最后通牒:"必须……否则……"

这样,逆反心理就产生了,对方可能会想:干吗一定要听你的?或者反过来挑衅地说:"悉听尊便,请吧,我才不怕呢。"结果是逼而不从,压而不服,激起反抗情绪。

8.戒当面不说,背后乱说

中国有句俗语:"当面批评是君子,背后议论是小人。"这句话反映了人们一种心态:不喜欢背后批评人。当面批评,可以使对方听清楚批评者的意见和态度,也便于双方的意见得到交流,消除误会。如果背后批评,会使对方产生错觉,认为你有话不敢当面讲,一定是肚里有鬼。再说,不当面讲,经他人之口转达,很容易把话传走样,造成难以消除的误解。

9.戒以事论人,全盘否定

批评人应尽量准确、具体,对方哪件事做错了,就批评哪件事,不能因为他某件事做错了,就论及这个人如何不好,以一件事来论及整个人,把他说得一无是处,一贯如此。比如用"从来""总是""根本""不可救药""我算看透你了"等来否定人,都是不可取的。

10.戒嘴上不严,随处传扬

批评人不能随处发威,更不能随处传扬。有的前脚离开下级,后脚就把这件事说给了别人,或者事隔不久批评另一个人时,又随便举这个例子,弄得该问题人人皆知满城风雨,增加了当事人的思想压力和反感情绪。这是一种不负责任的作风。

11.戒反复批评,无休无止

批评不能靠量多取胜,有的批评只能点到为止。当一个人受到批评后,心里已经很不自在了,如果再重复批评他,他会认为你老是跟他过不去,把他当成反面典型看待。多一次批评,就会让他心里多一份反感。

12.戒一批了之,弃之不管

批评只是解决思想问题的手段,而不是目的,当一个人受到批评后,在心理上会产生疑虑情绪:是不是领导对我有成见?带着这种情绪,他会特别留心领导的有关言行,从中揣测领导对他的看法。当发现领导不理睬他时,他就会认为领导对他有成见;当你无意批评到与他相似的问题时,他会神经过敏地认为你又在讲他,又在与他过不去。为了消除这种猜忌心理,我们在批评之后,要细心观察他的变化,对他表示关心和体贴,有了点滴成绩要及时肯定,有困难要及时帮助,这样才能有助于消除猜忌心理,达到批评的目的。

学习行动

活动一:张杰和刘力的对话

张杰和刘力在学校是同室好友,关系十分亲密。张杰家境不太好,在学习的同时,每天早晨不到5点就要到一家餐厅做工。随着学习压力增大,考试期间,两人之间产生了不满情绪。下面这段对话后,两人的友情出现了裂痕。

刘力说:"你上班干吗非得把全宿舍的人都闹醒啊?"

张杰说:"你以为我乐意早上5点就起床去那臭熏熏的厨房里干活吗?我父亲可不愿一年到头供养我,我得自己挣钱养活自己。我不像你,赖在屋里,靠家里供养。你自己清楚,你是我认识的人中最懒的一个。"

刘力说:"哦,别来这一套。昨晚看书一直看到两点的是谁?谁又说什么啦?难道你就不能轻一点吗?那么自私呢,就不稍稍考虑一下别人!"

就上面案例,思考如下问题:

1.请分析张杰和刘力在言语表达上的失误。

2.如果你是张杰或者刘力,你会如何表达以避免一场口舌之争?

活动二:你来试试

一个员工迟到了,请三个学员用不同的方式进行批评,再请受批评者谈谈感受。

活动三:自我批评与他人批评

请任选几个同学,先让他们进行自我批评,其他学员再进行适当的批评,最后师生进行点评。

学习评估

你有多在意别人的批评?(批评敏感性测试)

1. 当有人指出我的错误,我感觉他们是在故意让我丢脸。( )
   A.十分符合　　　B.符合　　　C.不符合　　　D.十分不符合
2. 当有人给我否定的反馈,我马上就会试着找出例子证明是对方错了。( )
   A.十分符合　　　B.符合　　　C.不符合　　　D.十分不符合
3. 面对失败时我会保持积极的心态。( )
   A.十分符合　　　B.符合　　　C.不符合　　　D.十分不符合
4. 当我不能马上成功地完成某件事时我会很气馁。( )
   A.十分符合　　　B.符合　　　C.不符合　　　D.十分不符合
5. 当我不同意别人的观点时,我会提高自己的声音。( )
   A.十分符合　　　B.符合　　　C.不符合　　　D.十分不符合
6. 如果我有什么事情做错了,接下来我要做的第一件事情就是找出让我犯错的原因,接着才是寻找解决的方法。( )
   A.十分符合　　　B.符合　　　C.不符合　　　D.十分不符合
7. 即使我错了我也很难会去承认它。( )
   A.十分符合　　　B.符合　　　C.不符合　　　D.十分不符合
8. 当有人为我提供了一个关于如何提高我的工作的建议,我会马上试一下。( )
   A.十分符合　　　B.符合　　　C.不符合　　　D.十分不符合
9. 当有人对我的工作做出了负面评价,我会变得不再那么有干劲,并且也不太会继续努力工作了。( )
   A.十分符合　　　B.符合　　　C.不符合　　　D.十分不符合
10. 我倾向于不喜欢别人告诉我该怎么做。( )
    A.十分符合　　　B.符合　　　C.不符合　　　D.十分不符合
11. 当有人跟我说我没有做到最好时我感到很气馁。( )
    A.十分符合　　　B.符合　　　C.不符合　　　D.十分不符合
12. 当有人说一项我已经完成的工作是不合格的,我会忍不住找对方去理论。( )
    A.十分符合　　　B.符合　　　C.不符合　　　D.十分不符合
13. 当有人反对我的主意,我就感到像是被羞辱了。( )
    A.十分符合　　　B.符合　　　C.不符合　　　D.十分不符合
14. 当我失败的时候我真的会很难过,并且想要尽一切可能去做得更好。( )
    A.十分符合　　　B.符合　　　C.不符合　　　D.十分不符合
15. 如果我让别人失望了,会让我感到深深的羞愧,即使对方已经原谅我了。( )
    A.十分符合　　　B.符合　　　C.不符合　　　D.十分不符合

16.当有一个人认为我可以做得更好时,我会感谢他/她的建议。(　　)
　　A.十分符合　　　　B.符合　　　　　C.不符合　　　　D.十分不符合
17.当有人提供了如何才能让我提高的建议,我会表示感谢,但不会真的去做。(　　)
　　A.十分符合　　　　B.符合　　　　　C.不符合　　　　D.十分不符合
18.如果有一个资历比我浅的人批评了我的工作,我会感到自己被冒犯了。(　　)
　　A.十分符合　　　　B.符合　　　　　C.不符合　　　　D.十分不符合
19.当我被批评的时候我会觉得紧张。(　　)
　　A.十分符合　　　　B.符合　　　　　C.不符合　　　　D.十分不符合
20.当上司批评我的时候,我会感到很受伤。(　　)
　　A.十分符合　　　　B.符合　　　　　C.不符合　　　　D.十分不符合
21.即使我不认同某人的反馈意见,我仍然会把它纳入考量。(　　)
　　A.十分符合　　　　B.符合　　　　　C.不符合　　　　D.十分不符合
22.即使有些人的观点从来都和我不一致,但我仍然会尊重他们。(　　)
　　A.十分符合　　　　B.符合　　　　　C.不符合　　　　D.十分不符合
23.当我和别人的观点不一致时,我会变得相当有斗争心。(　　)
　　A.十分符合　　　　B.符合　　　　　C.不符合　　　　D.十分不符合
24.当有人批评我时,我会想我是不是真的很无能。(　　)
　　A.十分符合　　　　B.符合　　　　　C.不符合　　　　D.十分不符合
25.我拒绝接受否定的、负面的反馈。(　　)
　　A.十分符合　　　　B.符合　　　　　C.不符合　　　　D.十分不符合
26.当我做错了,我会马上承认它。(　　)
　　A.十分符合　　　　B.符合　　　　　C.不符合　　　　D.十分不符合
注:测试结果请参阅"心灵咖啡"网。

延伸思考

一、演练题

根据下列题目作批评技巧练习。
1.一位职工没请假就离开岗位去游玩了几天。你若是领导,怎么对他进行批评?
2.你的老师或长辈误把李白的一首诗当成杜甫的,你怎么指出对方所犯的错误?
3.经理的秘书经常写错别字,这次给他看的稿子里又出现了两个错别字,于是他狠狠地训了秘书一顿,把她说得掉了眼泪,并提出辞职。你要是这位经理,应该怎么进行批评?
4.你和朋友在饭店吃饭时,对面一个顾客吃包子不小心,将肉汁溅到你的鼻尖上,可他看了你一眼,却没道歉,你的朋友忙拿出手绢要给你擦。你觉得有必要指出对方的错误吗?该怎么说好呢?

5.你的邻居的孩子高考落榜,遭到父母的痛骂,并威胁说:"如果明年再考不上,我就把你赶出家门。"你该如何指出这家父母的错误呢?

6.你的朋友写了一篇讲演稿,请你指正。该稿写得像散文,根本不适于演讲。你怎么指出这个缺点?

7.一个职工上班迟到了,说等车时间太长了,人又太多,所以……你要是他的上司,如何提出批评?

8.一位老工人一时疏忽,将一个工件弄坏了。段长非常恼火:"笨蛋,你分明是有意胡闹。扣你三个月奖金。"老工人顿时火冒三丈,与段长大吵起来。以后老工人再没出过次品了,可三天只干一天的活,气得段长无话可说。你要是段长,你怎么进行批评?

9.某顾客在饭店喝酒,突然他发现杯中有一只苍蝇,大为恼火。他叫来老板,指着杯子说:"请你把它喝下去!"老板连忙道歉,并说要给他换一杯。可这位顾客就是坚持让老板喝下去,别人怎么劝也不行。后来闹得不可开交。你要是那位顾客,如何向老板指出错误?

10.一旅客用旅店的枕巾擦皮鞋,恰巧被服务员看到,可他还大言不惭地说:"我这是在督促旅馆搞卫生。"如果你是服务员,如何提出批评?

11.将军问一士兵:"马克思是哪国人?"士兵"啪"地立正并不加思索地说:"马克思是苏联人。"在场官兵皆想笑又不敢笑。你认为将军应如何指出士兵的错误?

12.你到一位朋友家拜访,不巧赶上他们夫妻俩"打内战",而且已到了白热化程度,两人轮番摔碗摔花盆,"战争"不断升级。你认为该如何进行批评呢?

13.有位民警在公共汽车站执勤,他看到有人把猪肠挂在栏杆上,便大声喊:"谁的肠子?这是谁的肠子?"喊过几声之后,有位姑娘涨红着脸说:"别喊了,东西是我的。"民警又道:"你怎么把自己的肠子挂在栏杆上?影响市容,罚款!"姑娘恼羞成怒,反唇相讥,坚决不交罚款。你认为民警的批评有什么毛病?应该怎么说?

二、补充案例(教师可设计问题,供学生学习分析)

【案例1】火车上,一位年轻的母亲抱着孩子挤进了车厢。在几乎身无立锥之地的情况下,她身旁一张长椅上却躺着一个假装睡觉的青年人。孩子不停地吵着:"妈妈,我要坐!我要坐!"可是那位青年人却像没听见似的。这位年轻的妈妈略微沉思了一会,大声对孩子说:"好孩子,别吵了。叔叔累了,等叔叔休息一会儿,他会让给你坐的。"果然,年轻妈妈话音刚落,青年人马上坐起来,主动给这母子俩让了座。

【案例2】美国有一位著名的试飞员,空中飞行的表演技术令人叹为观止。有一次他飞行表演完毕,准备飞回机场,飞机在离地面90多米时,出现两个引擎同时失灵的险情。凭着他高超的飞行技术,飞机避免了一次可怕的事故。下机后,他检查了飞机的用油,不出所料,他驾驶的是螺旋桨飞机,而油箱里装的却是喷气飞机用的油。他立即找到那位负责保养的机械维修工。年轻的机械维修工知道出了事故,险些送了三条人命,一见到驾驶员来找他,吓得直哭。这时驾驶员并没有大发雷霆地训斥,反而伸出双臂拥抱他,然后又拍着小伙子的肩膀说:"别难过,好好吸取教训就是了。为了证明你能够把这事干得好,我想请你明天帮我的 F-51 飞机做维修工作。"从此以后,这位青年机械维修工工作一丝不苟、兢兢业业,保养维修的 F-51 飞机再也没有出现过差错。

【案例3】20世纪80年代,无锡毛纺厂有一位青年工人,被公认为不可救药的落后典型,很多人都对他失去了信心。厂党委书记刘吉主动找他谈了一次话,却使这位青年工人的生活出现了转机。请看他是如何谈的。

刘吉一见他,就说:"你好啊!"

青年冷冷地回答:"不敢说好——众所周知我不好。"

"为什么抽水烟?"

"有劲,过瘾,没钞票。"

刘吉又问:"你每月收入多少?"

青年答:"进厂10年,每月386角,奖金年年无。"

"为什么?"刘吉又问。

"因为我是全厂有名的坏蛋!"

"你一不偷,二不抢,三不搞腐化,怎么会是坏蛋!"

青年答:"有人说我是不可救药嘛!"

刘吉坚定地说:"这种说法是错误的,你不是坏人。说不可救药,不仅是否定了你,同时也否定了教育者自己。"

听到这里,这位青年也笑了:"哈哈,我与你见解略同。"

刘吉有意紧逼一句:"我听说你曾救过人?"

青年说:"那是过去,好汉不提当年勇。"

刘吉接过话茬说:"对,有志气!过去你曾经是条好汉。可如今呢?你骂人、打架、恐吓人、逞英雄,干的是蠢事。孔子说,'三十而立',你今年整整30了,好花迟开也该开了。"

这位青年当场激动地站起来,照刘吉肩上捅了一下说:"刘吉,你够朋友!"后来,这位青年果然发生了很大的变化。

【案例4】19世纪意大利著名歌剧作曲家罗西尼,对自己的创作非常严肃认真,非常注意独创性,对那些模仿、抄袭行为深恶痛绝。有一次,一位作曲家演奏自己的新作,特意请罗西尼去听他的演奏。罗西尼坐在前排,兴致勃勃地听着,开始听得很入神,继而有点不安,再而脸上出现不快的神色。作曲家按其章节继续演奏下去;罗西尼边听边不时把帽子脱下又戴上,过一会,又把帽子脱下,又戴上,这样,脱下戴上,戴上又脱下,接连好几次……那位作曲家也注意到了罗西尼的这个奇怪的动作和表情,就问他,这里的演出条件不太好,是不是太热了。"不,"罗西尼回答说,"我有一见熟人就脱帽的习惯,在阁下的曲子里,我碰到那么多熟人,不得不频频脱帽了。"

【案例5】战国时期,魏吞并了中山,魏文侯把这块侵占来的土地分封给自己的儿子。一天,他问群臣:"我是怎样的君主?"众臣纷纷答道:"是位仁君。"唯任座表示异议:"分封土地给自己的儿子不给弟弟,算什么仁君?"魏文侯听后十分不悦,任座因此离座而去。文侯又问翟璜,翟璜说:"我听人说:'君主仁义,下臣耿直',刚才任座说话那样直率,就足见您是位仁君了。"魏文侯听后,又羞愧又高兴,赶紧派翟璜把任座请了回来。

【案例6】一天,有位外交官看见美国总统林肯在擦自己的靴子,便揶揄道:"呵,总统先生,你经常擦自己的靴子吗?"

林肯明白对方的用意,但他不动声色,也以内藏暗箭的语言答道:"是啊。你经常擦谁的靴子呢?"

【案例7】南唐时,课税繁重,民不聊生。恰逢京师大旱,烈祖问群臣说:"外地都下了雨,为什么京城不下?"大臣申渐高说:"因为雨怕抽税,所以不敢入京城。"烈祖听后大笑,并决定减轻赋税。

【案例8】有一天,一位年轻的作者来到某编辑部,递上自己的作品。编辑看了作品以后问他:"这篇小说是你自己写的吗?"

"是我自己写的。"年轻人答道,"我构思了一个多月的时间,整整坐了两天才写出来的,写作极苦!"

"啊,伟大的契诃夫先生,您什么时候复活了啊!"编辑大发感慨。

听了编辑的话,年轻人赶紧悄悄地离开了编辑部。

【案例9】有一次,世界著名滑稽演员胡珀在表演时说:"我住的旅馆,房间又小又矮,连老鼠都是驼背的。"旅馆老板知道后十分生气,认为胡珀诋毁了旅馆的声誉,要控告他。

胡珀决定用一种奇特的办法,既要坚持自己的看法,又可避免不必要的麻烦。于是他在电视台发表了一个声明,向对方表示歉意:"我曾经说过,我住的旅馆房间里的老鼠都是驼背的,这句话说错了。我现在郑重更正:那里的老鼠没有一只是驼背的。"

"连那里的老鼠都是驼背的",意在说明旅馆小且矮;"那里的老鼠没有一只是驼背的",虽然否定了旅馆的小和矮,但还是肯定了旅馆里有老鼠,而且很多。胡珀的道歉,明是更正,实是批评旅馆的卫生情况,不但坚持了以前的所有看法,讽刺程度更深刻有力。

项目七 学会说服

项目介绍

说服,是以求得对方的理解和行动为目的的谈话活动。说服的关键,在于通过交流帮助对方产生自发的意志。这就是说服别人的能力,说服能力是综合谈话能力的体现,它在谈话中的作用不可小视。本项目主要探讨说服的作用、说服的基本原则、说服的技巧以及说服中所要注意的事项。

学习目标

掌握说服的基本原则、方法和技巧。学会运用合适的说服技巧,学会对"什么人"、"说什么"、"怎么说",能通过说服技巧影响沟通对象,以达到说服的目的。

学习导入

有一个营销经理想考考他的手下,就给他们出了一道题,把梳子卖给和尚。

第一个人:出了门就骂:"什么狗经理,和尚都没有头发,还卖什么梳子!"他找个酒馆喝起了闷酒,睡了一觉,回去告诉经理:"和尚没有头发,梳子无法卖!"经理微微一笑,"和尚没有头发还需要你告诉我?"

第二个人:来到了一个寺庙,找到了和尚,对和尚说:"我想卖给你一把梳子。"和尚说:"我没用。"那人就把经理的作业说了一遍,并且说:"如果卖不出去,就会失业,你要发发慈悲啊!"和尚就买了一把。

第三个人:也来到一个寺庙卖梳子,和尚说,"真的不需要的"。那人在庙里转了转,对和尚说:"拜佛是不是要心诚?"和尚说:"是的。""心诚是不是需要心存敬意?"和尚说:"要敬"。那人说,"你看,很多香客很远来到这里,他们十分虔诚,但是却风尘仆仆,蓬头垢面,如何对佛敬?如果庙里买些梳子,给这些香客把头发梳整齐了,把脸洗干净了,不是对佛的尊敬?"和尚觉得说得有理,就买了10把。

第四个人:也来到一个寺庙卖梳子,和尚说:"真的不需要的。"那人对和尚说:"如果庙里备些梳子作为礼物送给香客,既实惠又有意义,香火会更旺的。"和尚想了想,觉得有道理,就买了100把。

第五个人:也来到一个寺庙卖梳子,和尚说:"真的不需要的。"那人对和尚说,"你是得道高僧,书法甚是有造诣,如果把您的字刻在梳子上,刻些'平安梳''积善梳'送给香客,是不是既弘扬了佛法,又弘扬了书法。"老和尚微微一笑,善哉!就买了1000把梳子。

第六个人:也来到一个寺庙卖梳子,和尚说:"真的不需要的。"那个人和和尚说了一番话,却卖出了一万把梳子。

那人对和尚说了些什么呢?他说如何说服和尚买了一万把梳子的?你从这则故事中得到了什么启发?

学习准备

一、说服的作用

说服普遍存在于人们的实际生活中,思想教育、知识传播、疾病治疗、推销谈判,离不开说服;同学、朋友之间、邻里、亲戚之间、教师与学生、律师与法官、上级与下级,离不开说服。事实上,从某种意义上讲,每个人都是推销员,每个人都在推销自己,推销自己的主张、价值观、能力(如竞选、求职、做思想工作)、自己的产品、方案、成果(如销售商品、竞标、展示)等等,说服时时有、处处有,它的应用范围极为广泛。说服别人的能力是与人沟通能力的体现。但沟通只有出自内心的真诚,才会真正打动对方,技巧是"术",需要合理地使用才能获得希望的结果。很多人由于没掌握这种能力,结果常常碰壁,寸步难行,他的前面总是横着一个又一个"不"。而有些人则深谙个中之道,他们善于说服他人同意自己的观点,按照自己的想法行事,因此,他们总是取得一个又一个的"是"——成功的路标。

现实生活中,人的观点、看法、立场等都是可以改变的,除非你的意图本身是荒谬绝伦的,你总是可以设法使对方改变原有的态度,接受你的想法,并按你的想法去做。科学家经过数百次的研究,得出结论,说服力大小通过相应的表达技巧来增强的。显然,巧妙地说服他人不是诡辩骗人,只是为自己的意见制造一个适当的环境,从而有效地把自己的意见表达出去,进而获得赞同,使对方接受并按之行事。因此,掌握并能熟练运用一些说服技巧是非常重要的。

二、说服的基本原则

(一)提高说服者信誉

说服进行的基础,是取得对方的信任;而信任,来自于说服者的信誉。信誉包括两大因素:可信度与吸引力。可信度高、吸引力强的人,说服效果明显超过可信度低、吸引力弱的人。可信度由说服者的权威性、可靠性以及动机的纯正性组成,是说服者内在品格的体现。吸引力主要指说服者外在形象的塑造。说服者的年龄、职业、文化程度、专业技能、社会资历、社会背景等构成的权力、地位、声望就是权威性。一般来说,一个人的权威性越大,对别人的影响力也就越大。如果说服者在被说服者心目中形成了某种权威性形象。那么他说服别人转变态度的可能性也就越大。

可靠性是指说服者的言论是否真实可靠,是否具有一定的真理性。没有真实性、真理性的言论,无论你说话的技巧如何精妙,都无法使人信服。动机的纯正性则是说服者的说服目的必须端正,不能抱有私心或别有目的。一个说服者,动机越纯正,目的越高尚,其说服效果就越好。

因此,要提高说服者信誉,首先要提高说服者自身各方面的素质,使之具有合理的智能结构,具有高尚的道德修养,具备权威性和可靠性,说服才有分量、有威信,才能赢得听者的尊重和信赖。此外,还需重视外在形象的修饰,一个外貌、气质、穿着、打扮能给人好感的人,才具有吸引力,一个言谈、举止、口音等方面能与对方体现出共性的人,才具有吸引力。一个恰当的印象,会产生首因效应,帮助说服者成功说服他人。在说服的过程中,建立信赖感是说服的基础。没有这个基础,任何说服都不会取得理想的效果。

(二)了解说服对象

知己知彼,方能百战不殆。在说服他人之前,必须了解说服对象的性格、特点、兴趣、爱好,捕捉对方思想、态度方面流露出的点滴信息,摸清对方思想问题的症结所在,了解对方的心理需求,根据不同情况区别对待,因人而异,有针对性地开启对方的心扉,才能真正实现感情和心灵的共鸣,避免或减少盲目说服造成的错位反应。

(三)运用同理心,感同身受

当你要说服别人时,必须先了解他人,充分站在对方的角度,感同身受,体会了解,并产生、运用同理心。你需要了解以下情况:他人的意见和想法;他人的需求;他人接受你的意见、方案,响应你的主张的能力;还要了解他人的性格特征以及接受你意见的方式。以下10条建议能有助于提高同理心:

1.重视他人的感情、欲求、愿望。

2.学会耐心听完他人的意见,即使你不赞同,听对方说完,问清楚不懂的地方再下结论。

3.在路上、餐厅、公共汽车上观察人们的表情、动作、推测其心理状态。

4.不是光凭外表来看一个人,更重要的是知道那个人的基本精神状态,这可由交谈得知。

5.看电视、视频时关掉声音,想象剧中人物说什么,注意他们的情绪和口形。

6.和别人讨论事情时,遇到对方意见与自己的完全不同时,要想想个中原因。

7.弄清楚为什么自己在某些状况下会有特定的反应,了解自己的行为背景,有助于理解别人。

8.如果你讨厌一个人,找出充足而合理的理由。

9.判断一个人,多收集他(她)的个人资料,明白他(她)为人处事的道理,才能作出正确的判断,有合适的反应。

10.不要忘记:所有人都会有情绪失控的时候,尽量不受干扰地判断一个人。

同理心是站在对方立场思考问题的一种方式,是一个人人格成熟和社会化的标志,是满足人的社会性生活方式的需要。同理心包含着温暖与关爱。拥有了同理心,也就拥有了感受他人,理解他人行为和处事方式的能力。在说服别人的时候,要使用同理心技巧,只有建立了同理心的思考模式,说服才会有一个良好的效果。有了同理心,你不仅可以知道对方明确表达的内容,还能够更深入地理解并把握对方隐含的感觉和想法。因此同理心能够成为你与他人之间得以顺畅沟通的心理桥梁。

三、说服的技巧

(一)尽量获取对方肯定的回答

当说服工作开始时,不要先提及对方的不同点,而要努力寻找对方的共同点,并加以不断强调,获取对方赞同的反应,力争在谈话开始时就使对方说"是",尽可能不让他说"不"。因为一个否定的回答是最不容易突破的障碍,一个"不"字出口,就等于在你和对方之间筑起了一道厚厚的墙壁,推倒它需要十倍的耐心和努力。奥佛斯屈教授在他的《影响人类的行为》一书中说:"当一个人说'不'时,他所有的人格尊严,都要求坚持到底,也许他事后觉的自己的'不'说错了;然而,他必须考虑到宝贵的自尊!既然说出了口就得坚持下去。因此一开始就使对方采取肯定的态度,是最重要的。"

"懂得说话的人,都在一开始就得到一些'事实的反应',接着就把听众心理导入肯定的方向。就好像是打撞球的运动,从一个方向打击,它就偏向一方;要使它能够反弹回来的话,必须花更大的力量。

"这种心理模式很明显。当一个人说'不',而本意也确实要否定的话,他所表现的绝不是简单的一个四划的字,他的整个组织——内分泌、神经、肌肉——全部凝聚成一种抗拒的状态,通常可以看出身体产生的有种收缩或准备收缩的状态。反过来说,当一个人说'是',就没有这种收缩现象产生,身体组织就呈现前进、接受和开放的态度。因此开始时我们越能造成'是,是'的情况,就越容易使对方注意到我们的终极目标。"

苏格拉底是古代最卓越的演讲家之一,他对这种说服术最为精通,将其运用得出神入化。他在说服对方改变观点时,所问的问题都是对方所必须同意的。他不断地得到一个同意又一个同意,直到他拥有很多的"是"。最后,几乎在不知不觉之下,他的对手发现自己所得到的结论,是几分钟前自己坚决反对的。在现代,这种说服术也被广为运用。请看卡奈基在他的《美好的人生,快乐的人生》一书中所举的一个实例。

某推销员将几部发动机卖给了某公司的工程师,如果这些发动机没毛病的话,这位工

程师还会买几百部。可是三个星期后,那位工程师对他说:

"亚力森,我不能买你其余的发动机了。"

"为什么?"

"因为你的发动机太热,我的手不能放上去。"

"嗯,听我说,史密斯先生,我百分之百同意你。如果那些发动机太热,你就不应该买。你的发动机热度不应该超过全国电器制造公司所立下的标准,不是吗?"

"是的。"(第一个"是")

"电器制造公司的规则是,设计适当的发动机可以比室内温度高出华氏72度。对不对呢?"

"是的,的确是的。但你的发动机热多了。"(第二个"是")

"厂房有多热呢?"

"大约华氏75度。"

"那么,如果厂房是75度,加上72度,总共就等于华氏147度。如果你把手放在华氏147度的热水塞门下面,是不是很烫手呢?"

"是的。"(第三个"是")

"那么,我提议,不要把手放在发动机上面,不是一个好办法吗?"

"嗯,我想你说得不错。"

后来,这位工程师又为下个月开了一张价值35000美元的订单。

试想,如果推销员一开始就力图证明发动机没毛病,否认对方的无理指责,甚至指出对方的无知,那么,即使对方认识到自己的错误,也不会再向他购货了,因为他要维护自己的面子。

(二)站在对方立场换位思考

所谓换位思考就是站在他人的角度去考虑问题。将心比心、设身处地是人与人之间能够相互了解的前提与基础。换位思考是我们理解他人的基础,面对着可能出现的矛盾与冲突,在彼此观点存在分歧的时候,你也许曾试图通过说服来解决问题,结果却往往发现遇到了前所未有的困难。其实,导致说服不能生效的原因并不是我们没把道理讲清楚,而是由于劝说者与被劝说者固执地踞守在各自的立场之上,不替对方着想。换个角度我们不妨把自己想象成对方,学会站在对方的角度、对方的立场、对方的处境、对方的位置、和对方的角色上去观察与思考问题,理解、同情、体验对方的思想感情,进而使他改变自己的看法。被劝说者也许就不会"拒绝"劝说者,劝说和沟通就会容易多了。换位思考既是一种理解,也是一种关爱。

1940年10月23日,球王贝利出生在巴西一个贫寒的家庭里。他的父亲是一个因伤退役的足球运动员,贝利在很小的时候就显示出了非凡的足球天赋。他常常踢着父亲为他用袜子、碎布和破报纸特制的"足球"练习。

就这样,渐渐地,贝利有了点小名气,结交的同龄球友多了,也沾染上一些坏习气,比如吸烟。

一次贝利在街上找人要烟抽,被他的父亲发现了,他父亲没有对他大发心中蕴藏的怒火,而是心平气和地告诉他:"虽然你这个年纪抽烟的孩子不少,可能抽烟会让你感觉到自己真的长大了,是个男子汉了,但是如果你想成为一名优秀的足球运动员,就必须要远离烟草。"

说完这些话,他父亲递给他几张皱巴巴的纸币,说:"你如果真想抽烟,还是自己买的好,总跟人家要,太丢脸面了,你买烟需要多少钱?"

贝利感到惭愧至极,眼睛湿湿的,可他抬起头来,看到父亲的脸上已满是泪水。后来,贝利就再也没有抽过烟。他凭借着自己的勤学加苦练,终于成了一代球王。

在上述故事中,球王贝利的父亲的换位思考就做得非常好,也非常成功。

美国故事片《傲骨正气》中有这样一个片断:一个看守犯人的警员背对着关着杀人犯的铁笼子坐着,警长看到后,对他说:"我要是你,我就对着犯人坐着。""为什么?"警员问。"那样也许安全些。"警长答道,然后走出去了。警员顺从地转过了身子。

这里,警长没有用命令的语气说服他的部下(当然他完全可以那样做),而是站在对方的立场来说服对方,部下感到的是警长对自己的关心而不是生硬的强迫,因此他很乐意接受。

波斯国的一个奴隶主奥默的奴隶在服役期间逃了,后来被抓回来送到国王面前,准备砍头示众。他对国王说:"至高无上的主啊,我是一个无辜的好人。如果根据您的命令把我杀死,这血债是要用血来偿还的,请允许我在去世之前犯一次罪吧——让我杀死我的主人奥默,这样我就心满意足了。我这样做实在是为了您的好处,您就不会承担杀害无辜的罪名了。"

国王听后大笑,并赦免了他。

这个奴隶之所以能说服国王免他一死,就是因为他的话尽管可笑,但是是为国王的利益着想(怕国王背上杀害无辜的罪名),因而使国王动了恻隐之心,放了他一条生路。如果他一味为自己辩解,请国王别杀他,那他必死无疑。

让对方改变位置进行说服是一种有效方法。在美国,频繁的车祸使交通部门很感头痛。他们用罚款和其他法律手段来劝肇事者注意安全,但收效甚微。后来,交通部门在专家们的建议下,采纳了一个新的办法。他们让那些违章司机换个"位置"——换上护士服,到医院去照料那些因交通事故住院的受害者,体验他们的"痛苦",结果收到奇效,那些违章司机从医院出来判若两人。他们不仅成为遵守驾驶规章的模范,而且成了交通法规的积极宣传者。在进行说服谈话中,利用这种方法也能收到奇效。

(三)晓之以理,动之以情,衡之以利

晓之以理,动之以情,衡之以利,是最常采用的说服方法。晓之以理,就是讲道理。简单的事情,小道理,一两个典型事例,再加上简明、扼要的分析,道理就可以讲清楚。复杂的事情,大道理,涉及多方面的因素,触动一点就牵动全局,必须全方位、多层次、多角度地进行一系列的说服工作,从多方面展开心理攻势,并以严密的逻辑推理,如水到渠成地得出结论。这个结论不宜由自己单方面推断出来交给对方,最好以征询意见的口气引导对方同你一起来推理,共同探讨得出结论。让他把你的意见、主张,当作自己寻求的答案,自愿接受,自动就范。

1977年8月,克罗地亚人劫持了美国环球公司从纽约拉瓜得亚机场到芝加哥奥赫本的一架班机,在劫持者与机组人员僵持不下之时,飞机兜了一个大圈,越过蒙特利尔、纽芬兰、沙浓、伦敦,最终降落在巴黎市郊的戴高乐机场。在这里,法国警察打瘪了飞机轮胎。

飞机停了3天,劫机者同警方僵持不下,法国警方向劫机者发出最后通牒:"喂,伙计们!你们能够做你们想做的任何事情,但美国警察已到了。如果你们放下武器同他们一块回美国去,你们将会判处不超过2至4年徒刑。这也可能意味着你们也许在10个月左右释放。"

法国警察停顿片刻,目的是让劫机者将这些话听进去。接着又喊:"但是,我们不得不逮捕你们的话,按我们的法律,你们将被判死刑。那么你们愿意走哪条路呢?"劫机者被迫投降了。

本例中的劫机者一方面因为机组人员的抗衡和警方的追捕而无法达到预定目的,另一方面由于不清楚警方的态度而不敢轻易放下武器,陷入了进退两难的痛苦局面。法国警察在劝说中采取了应该帮助其冷静地分析客观形势,列出对方可供选择的几种解决事情的方案,并说明每种方案可能带来的不同结果,明确向对方指出了两条道路:投降或者顽抗,投降的结果是10个月左右的徒刑,而顽抗的结果只可能是死刑。面对这两条迥异的道路,早已心慌意乱的劫机者识相地选择了弃械投降,符合自己的利益,从而做出正确的选择。

一次,几个小青年坐公共汽车不买票。当女售票员小王来到他们面前请他们买票时,其中一个油腔滑调地说:"我们是待业青年,没有工资,买什么票?"

售票员小王对付这类问题很有经验。她知道对这些人不能太硬,也不能太软,而用话头点拨激发他们自尊自爱的心理是最有效的办法。于是,她以诚恳的态度,小声对他们说:"你们自己看看,这副腔调给人印象多不好!事实,我知道你们这些人并不坏。你们都长这么大了,又不是小孩,总懂得爱惜自己的名誉吧?乘车买票,五分一角是小事情,名誉搞坏了,你用钞票也买不回来。现在,你们不买票,还要强词夺理,这多不好!我就不相信你们出门连买票的钱也没有。今天,你们要是不买票,车上这么多乘客都认识你们的面孔了,多不好意思!"

这番语重心长的话说得几个小青年有些不好意思起来,他们相视一笑,带着几分感激,对售票员笑了笑,顺从地掏钱买了票。

人人都有廉耻心,面对着不愿意买车票的小青年,售票员小王展开了"心理"战术,站在对方的基点上,分析不好的行为对其形象与名誉产生的不良影响,这样做会因小失大,触动对方的廉耻心从而说服其放弃不好的行为。

俄国十月革命以后,农民得到了解放,成千上万的农民来到莫斯科。由于他们对沙皇仇恨很深,坚决要求烧掉沙皇住过的房子。有人把这件事向列宁汇报了。列宁指示干部们对农民进行说服教育。第一次劝告,农民不听;第二次、第三次,仍然劝说无效。最后列宁决定亲自和农民谈话。

列宁对农民说:"烧房子可以。在烧房以前,让我讲几句,行不行?"

农民们说:"请列宁同志讲。"

列宁问道:"沙皇的房子是谁用血汗造的?"

农民说:"是我们自己造的。"

列宁又问:"我们自己造的房子,不让沙皇住,让我们农民代表住,好不好?"

农民说:"好!"

列宁再问:"那要不要烧掉呀?"

农民觉得列宁讲的道理很对,再也不坚持要烧掉沙皇住过的房子了。

在这个例子里,对沙皇的仇恨激发了农民焚烧皇宫的强烈愿望。在数次劝说无效的时候,列宁通过与农民对话使他们的情绪稍稍平定,然后提出让农民代表住沙皇的房子的建议,农民认识到这个方案不仅能发泄愤怒,而且可以给自己带来实际的好处,于是很快表示赞同,"烧房子"的决定也因此而"搁浅"。

在生活中,有些人受到种种因素的刺激,人们往往容易感情用事,不经过慎重周全的考虑就莽撞地采取行动。在这种情况下,我们应该先设法让对方的情绪稳定下来,然后提出比贸然行事更合理、更有利的举措,这样就能使对方冷静地斟酌、衡量,并为了更大程度地维护自身利益而抛弃原来的草率决定。这则案例就是这种方法的运用。

(四)通过赞美调动热情说服对方

通过赞美达到说服对方的目的是一种很有效的说服术。

有位男青年发现他的女朋友在和他约会时,总是爱穿一种迷你超短裙。他心里很不喜欢看她穿这种裙子,可要直接反对又有伤她自尊心。如何说服她不穿这种超短裙呢?偶然有一次他看到她穿了一条长裙子,他便极力夸奖她穿长裙子是多么好看、多么迷人。果然,由于穿裙子受到了赞扬,以后,她和他约会时,再也不穿超短裙了。这就是褒奖法的妙用!

某领导向他的一位部下说:"小林,你脑子灵活,技术又好,考虑再三,觉得只有你来做这件事最合适。这件事很急,我相信你有办法尽快把这件事做好的。"对方听了后,接受了任务,并千方百计克服困难完成了领导交给他的任务,而且,干得很出色。

试想,假如这位领导这样说:"这事是你职责范围内的,事情很急,你得在明天把它办好。"效果势必两样,因为对方感到是被迫行事的,积极性也就不高,结果工作可能不会按时完成,或是即使完成了,也不会很出色。

一般来说,我们在说服之前先称赞对方某个优点,然后再开始进行说服工作,效果是很好的。因为对方首先对你产生了好感,对你抱有接纳的态度,这就为后来的说服工作打下了良好的基础,成功的概率因此而大增。

(五)争取同情,以弱克强

渴望同情是人的天性,当你想说服比较强大的对手时,不妨采用这种争取同情的技巧,从而以弱克强,达到目的。

有一个15岁的山区小姑娘,不幸被拐到上海。当天晚上,天下着小雨,小姑娘的房门打开了,一个中年上海"阿拉"走了进来。小姑娘的心跳到了嗓子眼儿。不过,她还是很快地镇静下来,机智地叫了声:"伯伯!"中年"阿拉"一愣,人像是被魔法定住了似的。小姑娘小心翼翼地说:"我一看伯伯就是好人,看你的年龄,与我爸差不多,可我爸就比你苦多了,他在乡下种田,去年栽秧时,他热得中暑……"说着说着,眼泪就哗哗地流下来。"阿拉"的脸涨得通红,短暂的沉默后,低低地说了一句:"谢谢你,小姑娘。"然后开门走了。

面对强壮的"阿拉",何不让自己显得更弱小,来激发他的同情心呢?聪明的小姑娘正是这样做的。

一句"伯伯",一下子拉开了两人年龄距离,让"阿拉"不由得想起自己那同样处于花季的儿女,同情的种子开始在他心头萌发了。接着小姑娘又不失时机地给他戴上一顶"好人"的帽子,诱导他的心理向"好人"标准看齐。用"我爸"和"阿拉"对比,进一步强化了"阿拉"的同情心理。

(六)用半遮式暗示法说服对方

现实生活中,有些事情是不便直接说服对方去做的。如果你一定直言相劝,常常引起对方的反感,即使他真按你的要求去做了,心中的不快也总难很快消失。半遮式暗示法,即有意不把问题和盘托出,而是半遮半露,说半截话,留下另一半让对方去思索和意会。

某旅馆内一房客用完洗脚水却没倒掉,躺在床上看起武侠小说来。房间里只有一个脸盆。这时另一房客想用脸盆,对他说"请你把水倒好了吗?我要用脸盆。"他看了那人一眼,极不情愿地下地倒水,回房屋将脸盆往地上一摔,又看他的小说去了。这以后,二人没搭过一句话。

同样的情况,有一个房客这样对没倒洗脚水的人说:"老兄,你还用脸盆吗?"那位老兄忙说:"啊!不用了,我忘了,我去倒掉。"说着下地去倒水,回来时还端来一盆热水给那个要用脸盆的人。这里,要用脸盆的人并没有说要用脸盆,要求对方把水倒掉,他只是暗示地问了一声,就达到目的。

在盛夏的列车上,有一个乘客将鞋拖掉,顿时一股臭气散发出来。对面一位老工人明知臭味来自何方,但他却侧身问身边的一位妇女:"噫?哪来的一股味?你闻到了没有?""是一股味。"话音未落,那位晾脚的乘客已悄悄把脚伸进鞋内。

有对夫妻关系不好,经常争吵,后来这个丈夫决定与妻子离婚。妻子找单位领导做工作,希望维持家庭关系。单位领导多次做这位丈夫的工作,但都无济于事。无奈之下,领导将结果转告这位妻子。领导说:"我们尽了极大的努力,看来,他的心已经飞了……"对方听后,终于明白事情已经到了无可挽回的地步,她平静地接受了这个残酷的事实。

领导运用半遮式暗示法传递不幸信息,既能给人留下思索空间和思想转弯的过程,又能展现领导的同情心,显然是处理这类问题的上乘表达方式。

运用暗示法要因事而异。针对的问题要清楚,只有问题清楚,表达的目的才能明确,才能达到预期的效果;如果你言不及义,对方不知底里,你的暗示语也就成为一堆废话了。另外,暗示语的表面义与隐含义的联系要恰切。暗示语的表面义与隐含义各司其职,相互联系,缺一不可,而且这种联系必须恰当。如果你的话语表面义与隐含义过于接近,难以产生委婉达意的效果;如果表里之间离得太远,又不能让对方产生联想,领悟暗示的真意。因此,在语言选择上要精心设计。

(七)顾全别人的面子

有句老话说:"人活一张脸,树活一张皮。"学会为别人保住面子,是人际交往的一条基本原则。可以说,你每给别人一次面子,就可能增加一个朋友;你每驳一次面子,就可能增加一个敌人。

面子是尊严,是人们自尊心的满足,每个人都需要面子。身在职场,不论是结交朋友、跟随领导还是管理下属,都要注意对方的面子。每个人都会因为面子而与别人发生或多或少的冲突,这是因为每个人都很在乎它。因此,在说服别人的时候,要尽量考虑到保全对方的颜面,只有这样,说服才有可能获得成功。就像在职场中,你想要改变同事已公开宣布的立场,首先要做的就是尽量顾全他的面子,使对方不至于背上出尔反尔的包袱。假定你与同事在一开始没有掌握全部事实的情况下产生了分歧,为了说服他,你可以这样说:"当然,我完全理解你为什么会这样设想,因为你那时不知道那回事。"或者说:"最初,我也是这样想的,但后来当我了解到全部情况后,我就知道自己错了。"这样的表达可以把对方从自我矛盾中解放出来,使他体面地收回先前的立场,你们之间的关系却不会受到任何的负面影响。

四、说服注意点

(一)尽量把劝说的动机藏起来

古希腊有个神话,说宙斯给潘多拉一个盒子,盒子里面装着这个世界所有的罪恶和苦难。宙斯告诉她绝对不能打开。潘多拉很好奇,越是不让打开她就越想打开盒子,看看里面到底装了什么。结果她打开了盒子,放出了世界上所有的罪恶。

这种心理在现实生活中确实存在,越是禁止的东西,人们越感兴趣,越难得到的东西,也就越显得珍贵。为什么会有这种现象呢?心理学家认为:人类有一种探究的本能,遇事都想知道个究竟,以揭示其奥秘。就是这个本能激发了人们的好奇心,驱使人们去解开事物的真相。利用这个道理,我们要劝说别人的时候,为了增强信息的影响力,就需要把劝说动机巧妙地"隐藏"起来,让被劝说者感到"意外"地获得了劝说信息,可有效地增加信息的可信度。

在改变人们的态度时,也可以根据逆反心理的特点,把某种劝说信息以不宜泄漏的方式表达给被劝说者,或者以不愿让人们多得的方式出现,就可以引起人们对这一信息的重视,使他们毫不怀疑地接受它。

有时候耳语也能起到这样的效果,喃喃细语是富有情趣的。你看恋人只有在很甜蜜的时候才会肩并肩地窃窃私语,吵架的时候绝不会如此。劝说他人也是如此。我国有个成语叫作"促膝长谈",意思就是靠在一起说知心话。坐在一起面对面和风细雨地谈,比站着喊更能让人感到亲切。如果你说话的声音由于情感的融合而逐渐变小,那么心理的交流也就会逐渐顺畅,两个人的心沟通了,劝说自然也就容易起来。

(二)运用具体情节、实例,让事实说话

刊登广告推销某种药品,是把药品的成分、功能、用法详细介绍一番好呢,还是介绍某个患者使用后如何迅速痊愈的事例好呢?

优秀的劝说者都清楚地知道这样一点:个别具体化的事例和经验比概括的论证和一般原则更有说服力。在日常生活中,你要说服别人,你就应旁征博引,使用具体的例子,而不是一味空洞说教。

当一种观念进入心底很长时间时,有时外人用话语的确难以改变它,此时可用事实这种最有力的武器来说服他。

1961年6月10日,周总理接见溥杰的夫人嵯峨浩时,了解到嵯峨浩的顾虑。嵯峨浩刚到中国,因为自己是日本人,又是伪满皇帝的弟媳,担心受到歧视。为了打消嵯峨浩的顾虑,周总理请三个人作陪,一位是老舍夫人,一位是京剧名旦程砚秋的夫人,另一位是照顾总理夫妇的护士。为什么请这三人？因为她们都是满族人。总理先介绍三位陪客，然后讲了我们党的政策，讲中国各族人民都有平等的地位，不会受到歧视。如果没有三位满族人在场，以事实作证，嵯峨浩未必会相信总理，未必会去除偏见，打消顾虑。

改变一个人对一件事的偏见，就要找到与他观念相悖的事实，自然而然引进这个事实，并在时机成熟时阐述它、发挥它，使之真正成为你的有力论据。若要改变一个人对另一个人的偏见常常要难得多，但用同样的方法也可以做到，只不过需要更长的时间，更多的坚持，也即积累更多的事实。让事实说话，让说话的声音更有力。

(三)营造说服氛围，把握说服时机

说服，总是在一定的语言环境中进行的。环境制约了语言，因此，说服效果的好坏，一定程度上也取决于环境。一个宽松、温和、优雅的环境较之肃穆、压抑、逼人的环境，其说服的效果自然会好得多；在一个自己熟悉的地点环境中施行说服，较之于陌生的环境，自然也会有利得多。营造一个恰当的说服氛围，不仅是必要的，而且是必需的。在营造良好的说服氛围后，把握好说服的时机，对方才会愿意听，才会用心听，才能听得进。否则，说服过早，会被对方认为神经过敏或无中生有；说服过迟，已事过境迁，对方认为你是"事后诸葛亮"，你即使有再好的口才、再好的意见，都不可能收到预期的效果。营造氛围，掌握时机，要将说服对象与时、境、理联系起来考虑，配合起来运用。可利用特定场合，造成境、理相衬，进行深入说服；可利用景中道情、情中说理，进行委婉说服；还可借助眼前实物，进行暗示说服等等。

学习行动

活动一：我也来卖车

1.挑选两名学员分别扮演推销员和顾客，进行情景对话。在这个过程中主要围绕推销员的问题展开，顾客的扮演者按照自己的实际需求进行回答就可以了。其他的学员要认真聆听，一边看表演，一边思考，为后面的讨论做好准备。

2.不同情境

情境一

推销员：你想要买双门轿车吗？

顾客：……

推销员：你想要买红色的轿车吗？

顾客：……

推销员：你想用现金付账吗？

顾客：……

情境二

推销员:你想要买双门轿车还是四门轿车?

顾客:……

推销员:你想要买红色的轿车还是蓝色轿车?

顾客:……

推销员:你想用现金付账还是信用卡付账?

顾客:……

情境三

一家人,先生、太太和六个孩子一起乘坐一辆车上街买东西。

推销员:遥控锁是不是最适合你家?

太太:是的。孩子这么多,我得时时看着他们,一不留神,他们就不知道要给我惹出什么乱子来。如果有个遥控锁,就会方便很多。

推销员:我打赌你也喜欢四门车。

太太:哦,是的,我只会买四门车。这么一大家子,如果只有两个门,上车都要上半天。要是碰到赶时间的事情,非得被这些孩子急死不行。

3.相关讨论

(1)在这三个情境中,推销员各自的表现怎么样,他们各自采取什么样的问问题方式,不同的问题方式有什么优点?有哪些可取的地方,有哪些应该注意并且不值得提倡的地方?

(2)在情境三中,如果夫妇两人一起去买车,推销员在跟两人沟通的时候如何选择突破口和侧重点,才能保证推销的顺利完成。

(3)请顾客扮演者讲述在听到不同的问题时,心理的变化过程是什么样,经历了怎样的犹豫和决定?

活动二:小红是如何劝说患者的

面对一位正在哭泣的女性肝癌患者,护士除了运用沉默和陪伴等非语言沟通技巧外,还通过观察和询问,了解到患者哭泣的真正原因。原来该患者特别怕热,其家属自带了一把大落地风扇,但由于电风扇噪声过大而导致同病房其他患者的埋怨,于是闷闷不乐、哭泣起来。小红与病房其他患者进行了沟通,最后解决了问题。

1.小红的做法正确与否,为什么?

2.猜猜,小红是如何与病室其他患者沟通的?

活动三:怎么处理合同的变故

海南某县属公司与另一个县的工厂签订购物合同,定于一个月内交货。可两星期后,该工厂见物价暴涨,就想撕毁合同,将高价转卖。于是,某县公司的经销人员马上前往谈判,力争对方履行合同。

假设你是某县公司经销人员,你如何使对方改变想法,履行合同?

学习评估

测测你的说服力:我们每天至少会碰到一次别人照我们的意思行动的时候。为此,这里特别把日常最容易发生的情境搜集了10种,每种情境各有5个说服的方式,如果是你的话,将采取怎样的措辞,才能使人欣然乐为呢?

1.请公寓的房东粉刷墙壁。
(1)我们已住三年了,多少也照顾照顾我们吧。
(2)比起我们所付房租来,这点费用真是微不足道的。
(3)我也帮一部分忙吧。
(4)最近有两三个外埠朋友要来这里做客,他们很想找个合意的公寓租居下来,如果他们欣赏的话,说不定会成为你的顾客呢。
(5)如果我是你的话,一定二话不说就会大大粉刷一番的。这里又不是只你一个人有房子。

2.在宴会中想使一个醉鬼安静下来。
(1)明天一清醒,你就会后悔的。
(2)那边有个好漂亮的小姐在看呢,安静一点吧,我来介绍介绍。
(3)你还不知道吧,大家都在看你呀。
(4)安静一点,不要那么大声好不好。
(5)刚才听说,你在最近的高尔夫球赛里得到优胜,可以告诉我一些详情吧。

3.你儿子的成绩不及格,他的老师知道大部分的作业都是你代他做的,可是你却和他商量要求他让你儿子及格。
(1)可是我的儿子是确实用功的,请给他加点分数奖励吧?
(2)你们的校长是我的老朋友呢!
(3)是我糊涂,怪我不是,请让他再有发奋图强的机会吧?
(4)我那位当明星的弟弟最近要来,我给你介绍介绍吧。
(5)只要这科让他及格,他就会进入大学的。

4.你正在为一慈善事业募捐,对方却是个吝啬成性的人。
(1)只要你捐一点钱,我就写一张两倍数目的收据,好让你少付一些所得税。
(2)我想本地的问题应由本地人来共同解决,不要让官方插手进来,不知贵意如何?
(3)请你了解,这是身为市民应尽的义务。
(4)如果你能捐款,就够给我赏脸了。
(5)这是十分有意义的慈善活动。

5.暴徒拿枪顶着你的背,你不想让他抢你的钱。
(1)你真倒霉,我身上恰好没钱。
(2)小心一点吧,我是空手道三段呢!

(3)老天爷,这是我一周来的血汗啊!
(4)我的皮夹子在裤子后面的口袋里,尽管拿去吧。
(5)拜托拜托! 没有钱叫我怎么回家见老婆呢?
6.你比老资格的同事高升了,却需要他的携手合作。
(1)这种工作只有靠你的协助才能顺利进行。
(2)上司快要退休了,我接了他的缺后,就升你为科长吧。
(3)真惭愧,他们把我提升了,其实你才是最合适的一位。
(4)现在我是上司,今后请听我的命令行事。
(5)这是你的新机会,可以表现你的才能。
7.你的儿子想看电视你却要他练钢琴。
(1)你弹得好的话,爸会多么开心呢!
(2)好孩子该听话的,每个人都不得不做些不喜欢做的事呀。
(3)我们来约好吧,我让你看完这个节目,你就乖乖练琴。不要再罗唆了。
(4)你把琴练好了,会很讨人喜欢的。
(5)"不练琴,那所有的学费不是都白费了!"
8.你的秘书有个约会,你却不得不请她加班工作。
(1)把约会取消吧,打完这个报告我就请你吃一顿好饭。
(2)上头吩咐,今天非把这个报告书发出不可。
(3)我明知这是不情之请,可是事非得已,拜托拜托吧!
(4)打完这个报告,不然就回到过去的打字部。
(5)我相信这件工作只有你才可以做好。
9.你想丈夫和你一起去度假。
(1)今天我见了王大夫,他说你得休息休息。
(2)你常常因工作出差旅行,我想偶尔也去旅行一下。
(3)你说,到风景宜人的××去休假十天,不是很惬意吗?
(4)亲爱的,我好想去度个假呀,真想死啦!
(5)不是很妙吗,只有我们两人一起去度假?
10.你超速驾车,想请警察能通融通融。
(1)仅此一次,请高抬贵手吧。
(2)我送给你一些钱,请就这样算了吧。
(3)也许你不相信吧,我一直都是很规矩的。
(4)可能是稍稍开快了些,我只是一时糊涂没有觉察而已。
(5)实在是不得已,我有个急事非赶快不可啊!

延伸思考

一、演练题

【演练1】基辛格是个搞了一辈子外交的风云人物。退休后,他有时出书,有时讲学,有时接受记者采访,当然,做这些的前提都是收费的。而水均益仅仅用了几句话,就说服基辛格免费接受了他的采访:"我们的节目有十分钟长,是中央电视台最黄金的节目之一,收看我们节目的观众有4亿。"水均益首先介绍自己的节目,目的是引起基辛格的重视,同时也是为了打消对方的收费念头,接着,水均益又说出一句温情脉脉、暖人肺腑的话:"基辛格博士是中国人民的老朋友,很多中国观众都非常希望了解博士的近况。"水均益的话如同一杯怀旧的酒,激起了基辛格对昔日美好生活的重温,他愉快地接受了采访。

设想你是一班之长,班上同学对教授古典文学的李老师"情有独钟",因为他的渊博学识,因为他的和蔼可亲,想请他做班导师,但李老师工作非常忙碌,请你来一番说辞,让李老师欣然接受你的邀请。

【演练2】一位学习有小成绩的年轻人,在数学研究上打算选择数论作为自己的研究课题,他向著名数学家华罗庚请教。华罗庚为了说服年轻人另辟蹊径,开拓新的领域,说了这样一段话:"数论这东西,我在30年代开始研究的时候,好像是一桌丰盛的筵席,好吃的东西多着呢。到了陈景润这一辈,数论已经被许多人'吃'过了,桌上是残羹剩菜,不过,陈景润也够厉害的,'吃'了不少。如今到了你这一辈,数论的一些重大课题都已经被人'吃掉'了,连残羹剩菜都不多了,你何必去舔盘子呢?你要自己去找一个新的领域,闯进去!"

试想你的一个好朋友,因家庭突遭变故而深受打击,生活一蹶不振。请你通过一次谈话,用艺术语言,说服、帮助她他恢复理智,走出烦恼的困扰,重新扬起生活的风帆。

【演练3】有个人在郊区买了一幢房子,而此前好几个推销员向他介绍时都被拒绝了,是什么原因使得他先拒绝后来又同意买下呢?原来是最后一位推销员的功劳。

我们听听他是怎么说的:"的确,这房子像您说的那样,离车站稍微远了点,可是您骑自行车不过10分钟就到了,如果您每天骑10分钟到车站,下班后再骑回来,对您的健康是有意想不到的好处的。""的确,这房子不在闹市区,但您看看,它依山傍水,右边还有丛林,没有车马喧嚣的环境在今天寸土寸金的时代是多么宝贵哟!双休日全家老少到附近散散步不是很惬意吗?""而且今后土地和建筑材料将节节上涨,您趁早买下来绝没有吃亏之虞,现在正是买下来的时候。"

你从上面这个例子中得到了什么启示?推销员运用了什么说服方法?

【演练4】根据下列题目,做说服技巧的练习。

1.当你与某人讲理时,他恼羞成怒,向你举起拳头威胁,你怎么说服他放下拳头?

2.几个朋友喝酒猜拳,夜深了,邻居都要休息,你怎么劝说这些正在兴头上的朋友散席回家?

3.你怎么劝说一些孩子停止在禁火区玩火呢?

4.单位让你去请一位专家作专题报告,且要付报酬,你如何去请他呢?

5.某人不止一次向你复述同一件事或同一个笑话,而且讲一次要花很长时间。这次他又开始讲了,你如何说服他别讲了?

6.某部队文工团的一位演员,在第一次登台演出时,由于缺乏经验而产生怯场心理,任别人怎么劝说也死活不上台。你若是领导,此时该如何说服她上台?

7.学生宿舍内有的学生在睡午觉,可有一个学生却唱着歌走进来。你若在场,怎么劝他不要唱了?

8.大家正在排队买火车票,这时,有一个挤到窗口要插队买票,大家很不满意。你若在场,怎么说服他到后边排队买票?

9.小王到大学同学大刘家去玩,正赶上大刘夫妻俩"内战"。大刘两口子争相请他评理,小王无言以对。两口子越战越酣。你认为小王应该如何说服他们握手言和?

二、补充案例(教师可设计问题,供学生学习分析)

【案例1】楚庄王有一匹心爱的马,"衣以文绣,置之以华屋当中,席以露床,啖以枣脯",结果,这匹马因为喂得太肥,反倒死了。楚庄王非常痛心,欲以大夫礼为死马举行丧事。左右力劝,庄王不听,动怒下令道:"谁再敢来谏我葬马,就处以死罪!"

优孟听知此事,进得殿来,仰面大笑,庄王诧异,问其缘由,优孟答道:"这是大王您最喜爱的马呀!我们楚国堂堂大国,什么排场摆不出来呀,而大王只以大夫的丧礼来葬马,太寒酸了!我看应以国君的葬礼来安葬它。"

庄王问:"那该怎么办呢?"优孟说:"应以雕玉为棺,文梓为椁,调动大批士卒修坟,征用大批百姓负土。让齐国、赵国的使节列于前,让魏国、韩国的使节翼于后;再给它造起寺庙,祀以太牢之礼,奉以万户之邑。这样一来,诸侯各国就都知道大王您把人看得轻贱,而把马看得很尊贵了。"庄王一听,突然醒悟过来,深责自己险些酿成大错。遂打消此念头。

【案例2】1995年,甲A大战,金教头率领绿色军团激战群雄,荣登亚军宝座。国安集团总部拨出9套住房奖赏国安将士。曹限东、高峰作为绝对主力分得房子,无人有疑义,然而,给并非主力的郭维维、谢少军一套房子的决定,未必能服众人。于是,金志扬聚齐全体将士,在队列中拉着郭维维的手,对大家说:"老五(郭维维的外号)已经三十多岁了,为北京队服务了十多年。当年一听说队里需要,他便放弃了在香港踢球的机会毅然归队,这是什么?这就是情分。再说,他孩子已经四岁了,连个窝儿都没有,整年挤在集体宿舍,这也实在太不近人情了,尽管他不是主力,但训练比赛怎么样,你们都看见了,别忘了,他比你们大十几岁!你们说,该不该给老五解决住房问题?"所有队员闻之皆答:"应该!"接着,金志扬又拍着谢少军的肩膀,说道:"有人可能要问,谢本儿(谢少军的外号)今年就没怎么上场,为什么给他分房?我说该给!谢本儿家在广东,幼小离家,在北京队一待就是十几年,训练不惜力,比赛不要命,伤病从来没有断过,北京球迷叫谢本儿'血染的风采'。到如今,他两条腿都断了,可以说,他把运动生命都搁到北京足坛了……"说到这儿,金志扬说不下去了,堂堂五尺男儿的谢少军已是潸然泪下,队中一片唏嘘之声,不少队员哽咽难语。

【案例3】某百货公司,与一电脑厂签订了购货合同,定于3个月内交货。但一个月后,该工厂见电脑价格大大提高,就想撕毁合同,将货高价卖出。百货公司立即派代表前去,力争让对方履行合同。代表说:"我们是慕名和贵厂打交道的。3年前,不少公司向我们提起贵厂,说贵厂经营有术,管理有方,产品品质优良,讲究信誉。在我们打交道近两年中,我们深切感受到了这些。这次我方向贵厂订购的货物,是与另一家大百货公司合作经营的。如若我们不能按期供货,就可能闹出问题,也许到时候就要请贵厂出面为我们解释。我们的困难,想必你们是可以理解的。另外,我们是老朋友了,过去打过交道,将来还要合作,何况我们公司的分店正在逐渐增加呢!这次,我们双方虽然有一点风波,但我们是能够理解的。贵厂做事一向谨慎,若中断了我们之间的关系,其他新旧客户也就不得不三思而行了,他们是不是会觉得你们不讲信用,难以合作,甚至与你们中断业务往来呢?那样,贵厂就得不偿失了……"

【案例4】盛夏季节,学生打瞌睡的现象时有所见。一次,一位语文老师讲得口干舌燥,有的学生照睡不误,甚至发出了鼾声。老师笑道:"到站了,醒醒吧。"引得大家哄堂大笑,惊醒了梦中人。老师接着说:"夏天是个多梦的季节。我也当过学生,也在课堂上睡过觉。求学的生涯是很辛苦的,我理解大家的处境。但是,学生时代是学知识、长本领的黄金时代,无穷岁月增中减,有趣学问苦后甜。教学相长,我不误人子弟,大家也别虚度年华。让我们一起振作起来,同仇敌忾,驱走瞌睡这个恶魔!"大家为之一振,理解了老师的一片苦心。打瞌睡的同学感到了内疚,意志战胜了惰性,以后打瞌睡的同学明显减少。

【案例5】某校有个学生,兴趣广泛,上进心强。但就是出不了成绩,没有一个方面能拿得出手,渐渐对自己失去了信心。有的同学鼓励他要持之以恒,有的告诫他要专一,还有的干脆劝他放弃,弄得他无所适从。班主任听说后,讲了这么一番话:"在这个世界上,歪打正着的事情是经常发生的。人对目标的追求,有时就是这样。无论有没有结果,最后都有一些收获,并且这种收获常以副产品的形式出现。歌德本来是追求一位姑娘的,一年后,人没追到手,手上却多了一本《少年维特之烦恼》;伦琴在实验室蹲了6年,本来是想找晶体光谱的,结果光谱没找到,却意外发现了X射线。为此,英国政府奖给他12万英镑,诺贝尔委员会奖励他53万美元,他那张印着左手的感光纸,更是副产品的大头,1932年被一位收藏家以120万美元的价格买下。总之,造物主从不让伟大的追求者空手而归。在这个世界上,对追求者而言,是不存在失败的。你不妨好好回顾、总结一下,相信你会有所收获。"名人的经历深深触动了这个学生的心,使他重新鼓起了理想的风帆。

【案例6】一个广告公司招聘一名设计美工,应聘者众多,几轮下来,只剩两人。面对主考官,其中一人说道:"高中的时候,老师让两个学生各画一幅画,主题是《母爱》。第一个学生想了想,画了一幅宁静的夜色图:蓝天、月牙儿、星星,月光下的妈妈正晃着摇篮,摇篮里睡着她的孩子。第二个学生想了想,先画了汹涌的海浪、陡峭的悬崖和狂暴的骤雨,然后在悬崖上画了一只鸟妈妈——她一边支起一只宽阔的翅膀挡住风雨,一边用另一只翅膀紧搂她的孩子。这画第二幅画的就是我。而且鬼使神差地,画上的情景太像我现在的处境了。孩子的爸爸去年死于车祸,病弱的孩子刚上中学,我们单位偏偏又破了产,我成了下岗人员,但我不怕。因为我想过——既然画上的鸟儿能用她的翅膀挡住风雨护住小鸟儿,我也就能!我坚信,即使我真的会在这最后一轮中被淘汰,我也会继续拼搏的。"

【案例7】一天,一家人寿保险公司的一个推销员来到某单位推销少儿保险,几位年轻的妈妈询问保费怎么缴,推销员未加思索,脱口而出:"年缴3650元买10份,连续缴到年满18周岁……"话音未落,人早已散去。没过几天,这家保险公司的另一个推销员来了,他是这样说的:"只要您每天存上一元零花钱,就可以为孩子办上一份保险。"

【案例8】办公大楼内,一个全身绑满炸药的狂暴的歹徒,用枪逼着8个人质,坚持让警方做出选择:要么预备好足够的钞票和直升机让他离开这个国家,要么他与人质和大楼同归于尽!危急关头,一位老警官挺身而出,赤手空拳走进大楼……不一会儿,解除了武装的歹徒跟着老警官走出大楼。请看他是如何说服歹徒的。

警官像拉家常一样:"我有一个儿子,今年10岁,上小学四年级。他非常可爱。为了他,我可以牺牲我的一切。"(话锋一转)"你有儿子吗?"歹徒情绪稍有放松,但仍用枪指着警官"有,两个。一个6岁,一个9岁。""你爱他们吗?""当然爱。""既然爱他们,难道你不想看着他们长大成人,看着他们上大学吗?"歹徒头上开始冒汗,拿枪的手剧烈颤抖起来。警官穷追不舍:"你既然爱他们,难道忍心让他们这么小就失去父亲、成为孤儿?"歹徒心理防线轰然崩溃,一屁股坐在地上哭起来。

人际沟通

项目八　学会拒绝

项目介绍

拒绝即对于别人的请求说"不"。人际交往中需要学会拒绝,才不至于使自己平添了许多麻烦,也不至于因拒绝而得罪别人。本项目主要探讨拒绝的作用、拒绝的基本原则、拒绝的技巧以及拒绝中所要注意的事项。

学习目标

掌握拒绝的基本原则、方法和技巧。学会用适当的拒绝方法,对请求对象进行合情、合理的拒绝,让请求对象能欣然接受。

学习导入

下周就要大学英语四、六级统考。小王把双休日的复习计划排得满满的,他要做最后的冲刺。而他的几个最要好的同学却信奉轻轻松松进考场的箴言,一大早就来邀小王去南普陀游玩,小王不同意他们的意见,同他们商量道:"南普陀我一直想去,但是今天我实在太忙了,实在遗憾,过些时候再去,好吗?"好友们领会了他的意思,并不介意,自己结伴去玩了。

设想和你关系甚好的一个大学同学,英语四级考了几次都没有通过,眼看就要影响毕业,无奈之下,他求到你,希望你行侠仗义,代考一次。你如何陈词才能既达到拒绝的目的,又不伤害双方多年的友谊?

学习准备

一、拒绝的作用

世界著名喜剧电影明星卓别林曾对影星索菲亚·罗兰说:"你必须克服一个缺点。如果你想成为一个生活异常美满的女人,你必须学会一件事,也许是生活中最重要的一件事,你必须学会说'不'。你不会说'不',索菲姐,这是个严重缺陷。我也很难出口,但我一旦学会说'不',生活就变得好多了。"(索菲亚·罗兰《生活和爱情》)的确,在人们的交际过程中,说"是"容易,说"不"难。"不"表示否定,拒绝,它的力量非同小可。正像有人所讲的那样,我们用成千上万的美丽动人的词语来肯定一种事物,仍嫌不够,可我们只用一个"不"就可以使这座精心构筑的大厦顷刻之间土崩瓦解。不加任何修饰或补充的"不",常常会给你自己和对方带来诸多烦恼。虽然从现实的客观理由上说,拒绝有时是合理的,但从人们的心理活动规律上来说,拒绝在任何时候都会给对方带来不快。但是,如果因此就凡事都说"是",那么你的一生只有吃亏受害的份了。要想使生活异常美满,我们必须学会说"不"。因此,为使对方不对你的"不"产生强烈反感,或使对方接受拒绝时所产生的不快降到最低限度,就要讲究拒绝的技巧。

二、拒绝的基本原则

(一)放下手中的事情,认真倾听

无论你有多忙,请用心去倾听对方的诉求,不要表现得心不在焉,否则只会让对方更愤怒。不仅要听出对方在说的是什么事情,而且要听出对方的感受。

(二)认可对方的感受,表示理解

共鸣总是能快速拉近人与人的距离,并平复对方的负面情绪。在表达推脱之前,一定要先顾及当时的情境,比如是否有重要的人在场,以及对方此时此刻最强烈的情绪。无论当时对方是悲伤还是愤怒,都应首先表示理解,以"体谅难处"的态度给对方以抚慰。

(三)说些体谅或赞赏的话,暂不表态

例如"别着急,先喝杯水","看你累的,脸色这么差","你能做到这样的程度,真是不容易","很能同情你的处境,你真的太厉害,要是我早趴下了",等等。此时对"该不该接手"应该已经心中有数,但不必急于表态。一方面不要态度强硬,以免伤害"被帮助者"的自尊心;另一方面,着重于缓解求助者的情绪,让对方也有个冷静的时间恢复理智,避免发生直接的冲突或者情绪大爆发,忙没帮成反倒结了怨。

(四)态度真诚,语速缓慢

到了不能不说"抱歉"的时候,一定要看着对方的眼睛,真诚地表达你的想法,并用三两句话简洁、明晰地说清你推脱的原因,在表达时,请一定要使用委婉温和的语句来表达你的抱歉和遗憾,让人感觉你不是在找借口。同时,也要记得在适当的时候真诚感谢对方对自己的信任。

拒绝要积极正向,千万不要在这时反过来跟对方诉苦,让对方感觉到你在积极关注他(她),同时也尽量少把自己的消极情绪传达给对方,因为对方本来也处于一个焦虑或无助状态,如果你也不停地诉苦,对方的情绪就更低落了。

(五)事后保持热情、体贴

有些忙不帮,原因比较复杂,但无论如何,你肯定不想因此和求助者结怨。所以,一定记得在推托过后,跟对方主动示好。这样对方会确信你不是讨厌他(她),你只是有自己的原则。

三、拒绝的技巧

(一)坦言相告

对于有些过分或无理的要求,当自己不能给予对方满足时,我们必须坦言相告,如果遮遮掩掩、拖拖拉拉,反倒令对方心生反感而产生不满情绪。直言是对人信任的表现,但是,有时直言可能逆耳,不能收到预期的效果。在这种情况下,要拒绝、制止或反对对方的某些要求、行为时,把拒绝的责任转嫁给对方所尊敬的或具有权威的人、组织以及某种制度等,直言由于非个人的原因(利用第三者说"不")作为借口,即使对方明知是借口,也较为容易接受,起码面子上能过得去。

小静是某电视台广告部的业务员,她的表叔开了一家公司经销保健品。一天表叔找到了小静,同小静商量,能不能让小静在负责的节目段给公司的产品作一下广告,广告费以产品的形式支付。小静非常清楚,这种做法违反台里的广告播出规定,于是小静直截了当地对表叔说:"这不行,不付广告费是不能做广告的。台里有明文规定,我没有这么大的权力。"小静的表叔知道了这是台里的规定,也非常理解。

《三国演义》中,刘备借东吴荆州不还,东吴派诸葛瑾(诸葛亮的哥哥)来游说讨地。诸葛亮主动假意哭请刘备还荆州,刘备决意不肯听从,而又不肯背言而无信的名声,于是假意把关羽所辖的"三郡"还给东吴。当诸葛瑾向关羽讨地时,关羽道:"疆土本大汉疆土,岂得妄以民寸与他人?"断然加以拒绝。这里,诸葛亮巧借刘备拒绝,刘备又巧借关羽来说"不",真是巧妙之极。

银行会计老金负责发放贷款。当拒绝的时候,他总是诚恳地说:"从情分上说,我一百个同意,但制度不让呀!"对方只好作罢。

某报社的推销员登门要求你订阅他们发行的报纸,可你不想订阅。你可以很有礼貌地说:"谢谢。你们的服务很周到,可是我家已经订阅了其他几家报社的报纸了,请谅解。"

一个推销员敲一名主妇的家门,向她推销产品。她态度礼貌而坚定:"我丈夫不让我在家门前未经他的允许买任何东西。实在对不起,请原谅。"说着点头微笑,把门关上。

(二)陈明利害

在遇到亲属朋友托办的事而无法办到的时候,要讲清道理,陈明利害关系,明确加以拒绝。这样,朋友会理解你,而你也会讲清自己的原则,大家以后也不会"麻烦"你了。

小辉的舅父是一家石油大厂的厂长。小辉同朋友一起合开了一家加油站,想让舅父给批点'等外品',这样可降低成本。舅父诚恳地对小辉说:"我是厂长,的确我打个招呼,你就可以买到'等外油'。但是,我不能为你说这个话,这是几千人的厂子,不是我厂长一个人的。我只有经营权利,没有走后门的权利。你是我的外甥,你也不愿意看到我犯错误,而让大家指指点点吧。生活上有什么困难,我可以帮助你,这个要求我不能答应,我不能用厂长的权力为亲属谋私利呀。"小辉听了舅舅的话,什么说的也没有了,从此他再也不给舅舅找类似的"麻烦"了。

话剧《陈毅中长》有个片断,当陈毅分任上海市市长后,他的岳父从乡下来到城里,理直气壮地要求女婿给安排个工作。陈毅一时犯难,答应吧就要犯错误,违反党的纪律;拒绝吧又怕老人生闷气。机智的陈毅于是先问老人:"是国民党好还是共产党好?"老人回答:"当然是共产党好,国民党腐败,一人得道,鸡犬升天!"陈毅立即抓住时机,引导老人:要是我陈毅给您老安排工作,也是腐败,共产党不能像国民党那样,否则也要垮台。

在本例中,老人本来很痛恨国民党政府拉关系、走后门的腐败现象,但是他在向陈毅提出要求时却只考虑到个人利益,不知不觉也走上了"拉关系"的路子。陈毅机智地提醒老人想到这一点,使他认识到这种做法会给共产党的形象带来损害,老人立刻醒悟过来,为自己的行为感到惭愧,于是自觉放弃了请求。

战国时期韩宣王想重用两个部下。他问臣僚掺留的意见。掺留说:"魏国曾因重用此二人而失去一部分国土,楚国也因重用此二人而失去一部分国土。所以,这两个人不久的将来会不会把我国出卖给他国呢?"韩宣王听了,决定不用此二人。

这里,掺留并没直接说不可重用此二人,只是将如果重用二人可能出现的后果点出来,让韩宣王自己裁夺。实际上,掺留已将否定的意见传达给韩宣王了。

(三)引荐别人,转移目标

面对朋友所求感到力不从心或主观不愿意相帮而想要拒绝时,你可以不表示自己能否帮忙,而是为其介绍另外几种解决问题的途径,并表明这比自己帮助要好得多。这样,对方不仅不会因为你的拒绝而失望、生气,反而会对你的关心、帮助表示感谢。当然,在引荐别人时,要掌握分寸,不应你的引荐而给他人造成麻烦。

老牛听说一家公司需要一名从事文秘工作的大学毕业生,想让自己的女儿去那里工作,可女儿是大专毕业,这家公司要求本科学历毕业生。恰巧老牛听说这家公司的经理与同科室的小王是同学,于是请小王从中帮忙。小王怕落下埋怨,不想帮忙,但又考虑到老牛的面子,于是对老牛说:"咱们科的小姜跟那个经理最好,上学时形影不离,你找他帮忙,这事准成。"看小王这么一说,不但回绝了老牛的请求,还为老牛指出一条"捷径",让老牛好一番感动。

1949年底,商务印书馆的董事长张元济先生,找到陈毅市长,要借20万元,以解燃眉之急。这位董事长已80高龄,而且德高望重,小时候陈毅就知道他的大名。当时全国刚刚解放,百废待举,拿出20万元有很大的困难。没办法,陈毅只有直截了当地对张元济先生说:"如果说人民银行没有20万元那是骗您,我不能骗您老前辈,只要打一个电话给人民银行就可以解决问题。您老这么大年纪,为了文化事件亲自赶来,理应借给您。但我想,还是不借给您为好,20万元搞商务一下子就花掉了,还是从改善经营想办法,不要只搞教科书,可以搞一些大众化的年画,搞些适合工农需要的东西,学中华书局的样子。否则不要说20万,200万也没有用。要您老先生这么大年纪到处轧头寸,我很感动。对不起,我不能借这笔钱,借了是害你们。"陈毅一席话,将张元济先生说通了,他高兴地说:"我完全接受你的意见,我不借钱了。你的话是对我们商务的爱护,使我很感动。"

蔡老师是一个班主任,她的儿子今年要中考,负担挺重,恰巧班上新转来一名学生,课程落下了一段,学生家长很信任蔡老师,想请蔡老师为孩子补课。蔡老师腾不出身,很不好意思。对家长说:"真对不起,我实在腾不出身来,这样吧,我有个小侄女也是老师,让她帮助补一补可以吗?"家长听了很高兴。

(四)缓兵之计

对方提出请求后,不必当场拒绝,可以采取拖延方法。你可以说:"让我再考虑一下,明天答复你。"这样,既赢得了考虑如何答复的时间,也会使对方认为你是很认真对待这个请求的。

张蕾一心想当一名记者,于是想从学校调到某报社工作,她找到了她小学老师的丈夫——某报社黄总编,黄总编也了解张蕾是正宗的中文本科毕业生,但报社超编严重,于是对张蕾说:"刚刚超编进来一批毕业生,短期内社里不会研究进人的问题了,过一段时间再说吧。"

黄总编没说这事绝对不行,而是以条件不利为理由,虽然没有拒绝,但为后来的拒绝埋下了伏笔。

有一次庄子向监河侯借贷,监河侯敷衍他。说道:"好!再过一段时间,等我去收租,收齐了,就借你三百两金子。"

监河侯不说不借,也不说马上就借,而是说过一段收租后再借。这话含有多层意思:一是目前没有,现在不能借;二是我也不富有;三是过一段时间不是确指,到时借不借再说。庄子听后已经很明白了,但他不怨恨什么,因为监河侯并没有说不借给他,只是过一段时间再说而已,给了他希望。

甲:你今晚到我家做客好吗?

乙:今天没时间,下次吧,到时候我打电话通知你。

乙没说"不去",而说以后去,到时候通知甲,甲自然知道乙的本意。

(五)故意不懂对方的暗示,转移话题

当对方提出某项请求而你不能满足时,你可以有意识地回避,把话题引到其他事情上。这样,既不使对方感到难堪,又可逐步减弱对方的企求心理,对方通过谈话感觉到你是在拒绝,这样你的目的就达到了。也可以装作不懂对方的潜台词,自诉难处,委婉拒绝对方。并非每个人都会直截了当地提出请求,很多人碍于面子不好直接说出要求,你就可以故作不懂对方的暗示,岔开话题。

两个打工的老乡,找到城里工作的李某,诉说打工的艰难,一再说住客店住不起,租房又没有合适的,言外之意是要借宿。李某听后马上暗示说:"是呀,城里比不了咱们乡下,住房可紧了。就拿我来说吧,这么两间耳朵眼大的房子,住着三代人。我那上高中的儿子,没办法晚上只有睡沙发。你们大老远地来看我,不是应该留你们在我家好好地住上几天吗?可是做不到呀!"两位老乡听后,就非常知趣地走开了。

在舞厅里,一男青年问初次见面的舞伴:"你今年多大了?"女伴答道:"外边是不是下雨了?怎么有点凉呢?"男青年知趣地不再问了。

(六)先赞扬,然后再说"不"

有一个漂亮姑娘经常收到别人的求爱信。一天,有一个从不认识的人找上门来求爱,她友好地说:"你给了我作为一个女性最高的赞赏,但是,我只能接受一个人的情爱,你迟到了一步,请原谅我不能接受你的感情。"那人听了后,说声"抱歉"就礼貌地退出了姑娘的房间。

这里,如果姑娘毫不留情地说:"我不认识你,别来缠我!"或者说:"真不害臊,连认识都不认识,就向姑娘求爱,快给我滚开!"那么,结果就难以收拾了。可姑娘非常聪明,首先表示了对对方求爱的尊重,使对方的自尊心得到满足,然后说出拒绝的话,使他毫无怨恨地离她而去。

(七)诙谐幽默

有一个人爱占小便宜。一天,他到一个同事家做客,看到茶几上一个精巧的小烟缸,便说:"这小烟缸精巧是精巧,但颜色不太适合,不如给我配我家的茶几。"主人道:"你不如连茶几一块儿扛走,因为是为了放这小烟缸我才买的这个小茶几。"他听了后,只好作罢。

这里,主人没说"不给",却扩大原话题,请对方连茶几也扛走,对方不可能要茶几,自然也就不好再要小烟缸。

在对方提出问题后,机智地以诙谐幽默的笑话作遮掩,避开实质性问题的回答,从而传达出自己否定拒绝的态度。

在联欢会上,大家热情地请王某当众演唱,王某说:"大家看,我的嗓子比我的腰还粗9毫米,让我唱歌不是赶鸭子上架吗?为防止震坏大家的耳膜,保护大家的身体健康,我还是念一首抒情诗吧!"大家在笑声中同意了王某的要求。

(八)含蓄说"不"

1.另有选择

甲:这本书很不错,你觉得怎样?

乙:是的,很好,不过我更喜欢……

例中,乙并没有说那本书不好,因为对方已有赞美之辞在先,若直言否定,对方必定感到难为情,甚至要与你大辩一场,以保护自尊心。他先肯定对方,然后表示"更喜欢"另一书,否定主意已含在话中了,但对方不好再说什么。

2.回避法

A:你觉得我的礼服漂亮吗?

B:有意思。

B本来不认为A的礼服漂亮,但直说又有伤对方的自尊心,因此避开问题,含糊地说"有意思",实际上已否定了对方。其实这是一种利用无效回答来暗示对方自己否定意见的方法。

有时,客观情况要求我们必须说出"不"字,明确表达否定的态度。但是,采用的方式方法不同,效果是不大相同的。

四、拒绝注意点

1.不要立刻就拒绝:立刻拒绝,会让人觉得你是一个冷漠无情的人,甚至觉得你对他有成见。

2.不要轻易地拒绝:有时候轻易地拒绝别人,会失去许多帮助别人、获得友谊的机会。

3.不要盛怒下拒绝:盛怒之下拒绝别人,容易在语言上伤害别人,让人觉得你一点同情心都没有。

4.不要随便地拒绝:太随便地拒绝,别人会觉得你并不重视他,容易造成反感。

5.不要无情地拒绝:无情地拒绝就是表情冷漠,语气严峻,毫无通融的余地,会令人很难堪,甚至反目成仇。

6.不要傲慢地拒绝:一个盛气凌人、态度傲慢不恭的人,任谁也不会喜欢亲近他。何况当他有求于你,而你以傲慢的态度拒绝时,别人更是不能接受。

7.不要热情过头:既是拒绝别人就认真说出理由,之后无论表示惋惜也好,无奈也好,别人不乐意,但也不能对你的拒绝妄加指责,但你若为了弥补对方,一个劲地说"可惜可惜,这次帮不上你"、"下次有困难一定告诉我,这次没能帮上,下次一定帮"则未免有些虚伪。

8.不要借口不当:有些人不想直接说"不",便随便找些不值一驳的理由来暂时搪塞对方,以求得一时的解脱。这个方法并不好,因为对方仍可以找理由跟你纠缠下去,直到你答应为止。

9.不要模棱两可:拒绝别人时若说话半天讲不清楚,会让人很容易怀疑,认为你不是帮不了他,而是根本不想帮他。

10.要有代替或帮助的拒绝:你跟我要求的这一点我帮不上忙,我用另外一个方法来帮助你,这是一种慈悲而有智能的拒绝。这样一来,别人还是会很感谢你的。

学习行动

任务一:订购价格优惠的办公设备

设想你作为学校的总务处长,在订购学校的办公设备时,你要求价格上要优惠,热情、文雅的推销员答应适当减价优惠,但要求学校同时订购一批较先进的课桌椅时才给予优惠。你如何买到你想要的优惠价格,又能婉言谢绝这位热情、文雅的推销员要求的再订购一批先进课桌椅呢?

任务二：说辞拒绝而又不伤和气

小李的学校处于一个旅游城市，一年求学下来，亲戚、朋友、老师、同学一个走了一帮来，招待、陪同，应接不暇，焦头烂额。这天，一个久未联系的同学又突然给他打来电话，双休日想上他这儿玩，希望他当好导游，并全程陪同。请用不同的说辞拒绝而不伤和气

任务三：说说你的困惑

搜集学员们平时无法解决的拒绝困惑，课堂上进行交流，师生运用合适的拒绝方法帮助学员解决。

学习评估

你学会了合理的拒绝他人了吗？请选择和你最贴近的答案，最后把得分相加。

1. 你已经计划好了要利用晚上的时间把你家里的事情做完——这些事是你已经推迟过的，你最终决定要腾出时间来把它们完成。这时一个好朋友给你打电话，她说需要你晚上去她家里，因为她感情上出现了危机，她必须要找人谈谈。这时你会：
   A. 立刻赶到她家。
   B. 你开始很着急拿不定主意，但认为她的问题更紧急，于是耽搁了片刻后你去了她家。
   C. 告诉她你会过去但是你需要先花几小时把事情做完，而且你问她能不能把两个人的饭准备好。
   D. 告诉她你今天太忙了，但是可以找别的时间和她谈谈。

2. 一个电话推销员晚上给你打电话想要卖给你一件你并不需要的商品，电话另一端的女推销员声音甜美，而且你不想伤害她的感受，你会：
   A. 在电话里听她讲大概20分钟推销。
   B. 先听几分钟，然后说对不起，告诉她你得出去因为你的狗病了。
   C. 听一会儿后告诉她你没时间听她多讲，并且你不需要这种商品，告诉她你不希望她再打电话过来，并说"谢谢"。
   D. 你厉声地对她呵斥，并把电话挂断。

3. 到吃饭的时间了你还很忙，因为你必须再做几件事情，比如把一个新包裹送到邮局。这时你的朋友打电话要请你共进午餐，并要告诉你一些令人激动的消息，你会：
   A. 去和她一起吃午饭，希望自己会有足够的时间。
   B. 和她共进午餐，但是你不停地看表，如坐针毡。
   C. 同意去见她，但是告诉她你只有半小时的时间。

D.告诉她你太忙了,能不能再约个时间。

4.你姐姐或你的好朋友请你帮忙照料一会儿小孩,这样她就可以和她的朋友外出了,你会:

A.如同平时一样立刻答应。

B.感觉有点被利用不过还是答应了。

C.告诉她这次可以,但不是每次你都随叫随到。

D.告诉她你的生活也很忙碌,你今天没有时间。

5.办公室里的一个家伙总说要和你一起吃顿饭,讨论一下你们的共同之处。办公室里只有你俩了,他强烈要求这周的某一天一起出去吃饭,你会:

A.不假思索地同意。

B.有些顾虑,但由于你不想破坏他的感受还是同意了。

C.去一起吃饭,但把谈话的主题放到工作上。

D.明白地告诉他你只想和他保持工作关系,不想单独地和他进行社会交往。

6.你在一家饭店订了午餐,但你只有一个小时。当你到达那家饭店后,服务员告诉你今天预定的人太多了,你需要等一会儿才有座位。这家饭店看起来的确很忙。这时你会:

A.坐在那里等,希望很快会有你的位子。

B.问清楚你到底要等多长时间,并向服务员解释你还有重要的安排。

C.告诉他你没有时间等了,离开那家饭店。

D.抱怨饭店的失误,然后离开。

7.你报名参加了晚上的一个课程,这门课程是你一直盼望学的,然后你发现你的爱人想在那天晚上用车,并且她(他)认为她(他)的需求比你的更重要,你会:

A.放弃上课的念头,尽管你感到很失望。

B.跟他(她)解释一下上课的事,提议你们应该达成妥协,比如让他/她下课后去接你。

C.告诉他(她)这次该你用了,并且这次你一定要用这部车。

D.你没必要和他(她)商量,你已经告诉他(她)你有课了。

8.你正在进行一次商务贸易,你要出售100件你最昂贵的产品,虽然价格打了折扣,不过你对目前这个价格还满意,因为这些商品销售得比较慢。但就在商品要脱手的时候,你的客户打来电话,说他们遇到了经济危机,只能支付原价格的60%,你会:

A.同意按照客户能够支付的价格出售。

B.和他们商议一个新价格——比如,你们各让一步取折中价。

C.你可以负担商品的运费,但价格不能再变动。

D.告诉对方除非按照商定的价格,否则交易中止。

9.你正在安排和一群朋友一起去度假。在商量时间的时候,别人很明显都比你愿意早出发几天,这时你会:

A.确定别人在那天都有空,去适应他们的时间,尽管这意味着你要错过几个重要的约会。

B.很不情愿错过你的约会,但最终你还是选择了和别人一起出发。

C.让别人和你一起解决这个问题,互相达成妥协,并且你希望可以不耽误你的约会。

D.告诉他们如果你会错过约会的话,你就不去和他们一起旅行了。

延伸思考

一、演练题

根据下列题目,做拒绝技巧的练习。

1.有人向你了解同事小郑的情况,你由于种种原因不喜欢小郑这个人,你实在不想回答,怎么说"不"?

2.舞场内,有一个很讨厌的人向你的座位走来,显然是想约你跳舞。你不想同他跳,那么你怎么表达这个"不"?

3.小张给小李打电话,请他参加周末晚会,小刘说:"我没时间,不去。"小张一下把电话摔下,从此再不与小刘交往了。你若是小刘,怎么说这个"不"呢?

4.商店售货员小周的一个熟人来商店买缝纫机,他把柜台前的缝纫机挑了个遍,还不满意,又要求小周领他到后面的仓库里去挑,小周说,"这可不行。"他一听火了:"太不给我面子了!"说完拂袖而去。你要是小周,如何拒绝他?

5.二楞结婚时大操大办,欠了不少债,婚后还病了几天。为此,他向工会老刘申请领救济金。这显然不应该给,你认为老刘应如何予以拒绝?

6.老赵给小刚介绍一个对象,两人见面后,第二天老刘问小刚是否同意继续相处,小刚说道:"不行,太矮了。"老刘听了很不高兴,以后再不管小刚的事了。你认为小刚的"不"说得有什么毛病?你要是小刚,你怎么说?

7.一位母亲领着女儿上街,女儿看中一件时装,要求母亲给她买一件。母亲一时手头紧张,不能给女儿买,说:"这衣服有什么好看的,别买了。"女儿听了后闷闷不乐,母女俩再无心逛商店了。你要是这位母亲,你怎么说?

8.小黄正在屋里工作,楼上他朋友的两个女儿跺脚喊他上去教她跳舞,小黄答道:"我正在忙,哪有时间教你们跳舞?别跺脚了。"两个女孩子以后见他再不笑脸相迎了。你要是小黄,你如何拒绝她们俩的要求?

二、补充案例(教师可设计问题,供学生学习分析)

【案例1】一经理想和一教授交朋友。经理热情地说:"今晚6点,我请你在汉通吃饭,我们好好聊一聊。"事情不凑巧,教授恰好有事,于是,他诚恳地说:"对你的邀请,我感到非常荣幸,可是我晚上有个讲座,实在无法脱身,真抱歉。"

【案例2】杰琳娜已经向凯迪借过几次钱了,但从不见她还钱。有了钱后,杰琳娜不是逛街买高级服装、化妆品,就是上饭店吃饭、拜访朋友,日子过得滋润、舒适。这天,她又开口借钱了。凯迪思忖半响后,回答道:"我很希望帮你的忙,但是,现在我已经无能为力了,我帮不了你了,真的不行。"

【案例3】我国著名语言学家吕叔湘先生,有一次给研究生讲治学经验,足足讲了两个半小时。在准备结束的答问中,一位研究生突然问道:"吕老,当前现代汉语语法研究的现状如何?"这个问题委实太大了。当时,吕老已82岁高龄,急需休息。吕先生微笑着对研究生说:"你不让我回家吃饭了,是不是?"

【案例4】小颖想要拒绝别人交给她的额外任务,她可能这样说:"我很愿意帮你的忙,但很不巧,我手头的工作还没忙完,等忙完了这一阵,我一定帮你的忙。"也可能那样说:"这项方案看起来很有意思,我很喜欢。但是,如果要在周末做,我就没有时间了。可不可以再往后延一些时间,让我先把手头这项工作结束,然后再与你讨论。"或者表示同意,但是让对方知道,她做的可能不尽如他们所愿:"我可以很快浏览一下,并给你意见。但是,我没有时间仔细研究并给你一份书面报告。"

【案例5】大学生小刘是个"月光族",每月的生活费总是前松后紧。这不,他又出现了"经济危机",在向老乡小吴求援:"小吴,钱多不多?如果多的话,能否先借我点解解燃眉之急。"小吴双手一摊,抱歉地说:"刘老弟,这几天我也出现了'财政赤字',正日夜盼着父母'赞助'呢!我是心有余而力不足,真是不好意思!""没关系,没关系,"小刘哈哈一笑"我再找找别的老乡。"

项目九　学会问答

项目介绍

在人与人的交流与沟通中，为了获得信息、传递资料、交流情感，沟通者之间常常要进行"提问"与"回答"，在一问一答之间完成了信息的传递并回答疑问。恰当精妙的提问往往获得多层次的效果，使你获得所需要的信息，帮助你了解对方的需要，从而达到人与人之间的交流和互助。但是，在现实生活中，部分沟通者之间常常出现"错问""问错"或者"错答""乱答"的现象，引起对方的反感或敌视。本项目主要探讨问与答的技巧以及问答中所要注意的事项。

学习目标

掌握问与答的基本原则、方法和技巧，学会对沟通对象进行提问，让对方愿意且能够回答以达到提问的目的。作为回答者能准确判断提问的目的、要点，能在回答中表达自己的态度并能使得对方满意。

学习导入

相传一名教士在祈祷时烟瘾上来了，想吸烟，但他不知道能否被允许吸烟，于是他问上司："我在祈祷时可以抽烟吗？"上司断然否定："不行。"后来，另一名教士也想吸烟，他这样问上司："我在抽烟时可以祈祷吗？"他的请求得到了允许。

想一想，这两个提问所得到的效果为什么完全不同？

学习准备

一、问与答的作用

(一)善于提问的作用

中医讲究的望、闻、问、切四种疗法,在人际交流过程中同样适用。提问者必须掌握察言观色的技巧,学会根据具体的环境特点和谈话者的不同特点进行有效的提问。掌握提问技巧有三个作用。

1.有利于把握回答者的需求

通过恰当的提问,提问者可以从回答者那里了解更充分的信息,从而对回答者的实际需求进行更准确的把握。

2.有利于保持沟通过程中双方的良好关系

当提问者针对回答者的需求进行提问时,回答者会感到自己是对方注意的中心,他(她)会在感到受关注、被尊重的同时,更积极地参与到谈话中来。

3.有利于掌控沟通进程

主动发出提问可以使提问者更好地控制对话沟通的进度,以及今后与回答者进行沟通的总体方向。一些经验丰富的提问者总是能够利用有针对性的提问来逐步实现自己的询问目的和沟通目标,并且还可以通过巧妙的提问来保持友好的关系。

(二)有效回答的作用

回答问题是沟通过程中的重要环节之一,有效的回答建立在对提问者的观察、了解的基础之上,具有四个作用。

1.有效回答问题能够使提问者的疑问得到解答

当提问者提出问题时,或许期待关于沟通话题的更多内容,或许希望与回答者就某些问题展开辩论。回答者的角度就是要解答提问者的疑问,通过成功解答问题,可以增强回答者的讲话的说服力,使对方不但获得信息,而且心悦诚服。

2.有效回答问题能够使回答者获得进一步的展示

回答者在回答问题时,更使自己继续立于讲话者的角度,他(她)拥有提问者所不具备的优势,通过回答的系统性与连贯性,使回答者自身的能力与学识获得进一步的展示,获得沟通对象的认可。

3.有利于减少与沟通者之间的误会

在与提问者沟通的过程中,很多回答者都经常遇到误解提问者意图的境况,不管造成这种问题的原因是什么,最终都会对整个沟通进程造成非常不利的影响。因此,回答者应该根据实际情况进一步了解,弄清提问者的真正意图,然后根据具体情况采取合适的方式进行解答,以减少沟通中的误会。

二、问答的原则

(一)提问的原则

1.提问目的的鲜明性

在提出疑问的时候,要带着鲜明的目的性而提出问题。或者为了寻找答案,或者为了引导对方进一步说明问题,或者作为问题的假设和可能……这些都是提问的目的。鲜明的目的,能够让提问变得有效;然而,鲜明并不等于完全的直接,在某些情况下,通过旁敲侧击或者"曲线救国"反倒会比直接询问更有效果。此外,还应注意在旁敲侧击、"曲线救国"的时候,一定要紧扣提问的目的,不能迷失于连环的询问中,而失去根本。

2.提问方式的多样性

在提问过程中,不要拘泥于一种提问方式,单一的提问与回答的形式会使沟通变得不自然、不活跃,会影响到回答者的思考模式。提问的方式要多样,要根据不同的沟通目的、不同的沟通内容、不同的环境,使用不同的提问方式。如提前给出问题,让回答者进行准备,有利于获得相对完整和系统的回答;在现场沟通中进行提问,则可以得到直接而相对真实的回答。封闭式提问有利于信息的确认,开放式提问有利于信息的收集,跳跃式的提问则可以开拓思维,设问式的提问可以以问为答。

3.提问要表现出亲和力并使对方感兴趣

通常来说,人们比较关心的是自己的利弊,与切身利益相关的事情,最能引起人们的兴趣。比如,业务员小吴向A公司采购主管张先生介绍电脑软件:"张先生,我有一个方法可以帮助贵公司每个月降低10%的运营成本。"张先生很好奇地问:"是吗?是什么产品呢?"不难看出,小吴瞬间吸引了张先生的注意力。

4.提问难度的量力性

提出的问题要与沟通的内容相关,不要出现风马牛不相及的"怪问",也不要出现重复的"错问",同时,提出问题的难度要具有量力性,必须考虑到沟通对象的年龄特征、知识水平和接受能力。一般说来,低难度的问题是针对较为具体的、特殊的事例,中难度的问题则可以是一些抽象的带有一般规律性的问题,高难度的问题则是以开放式为特征,考量回答者的综合素质。在对群体提问时,难度应控制在中等水平,以大多数的回答者经过思考能够回答为前提,既不要过于简单,也不要过于繁难。提问中不要提一些"是不是""对不对"等不需要动脑,冲口而出的问题,因为得不到正确的或者提问者想要的答案。

5.提问时保持礼貌和谨慎

弗朗西斯·培根曾经说过:"谨慎的提问等于获得了一半的智慧。"虽然有效的提问对于同客户保持良性沟通有诸多好处,但是如果在提问过程中不讲究方式和方法,那不仅达不到预期的目的,恐怕还会引起客户的反感,从而造成与客户关系的恶化,甚至破裂。

在与他人展开沟通的过程中,提问必须要保持礼貌,问对方熟悉并且愿意回答的问题。不要给对方留下不被尊重和不被关心的印象;同时还必须在提问之前谨慎思考,切忌漫无目的地信口开河。

一般地说,说话者在说话时不喜欢被鲁莽地打断,也不喜欢听带有某种企图,比如很多客户在购买产品之前都将推销人员视作怀有"不良企图"的人,他们本能地抗拒推销人员喋喋不休地夸奖自己的产品。如果推销人员以征求客户意见的态度向他们提出友好而切中他们需求的提问时,他们会渐渐放松对推销员的警惕和抵触心理。当然了,如果推销人员提出的问题因为完全没有经过大脑考虑而显得愚蠢时,客户会更加恼怒,他们甚至会毫不犹豫地将推销人员赶出门外。

(二)回答的原则

现实生活中,我们常常被问到各种各样的问题。答得好,既可以表现你的聪明才智,又满足了对方的要求;答不好,则不仅不能满足对方的要求,还可能使自己陷入难堪的处境。因此,在问答过程中,尤其是在回答问题的过程中,要始终应坚持三条原则,从而把握住话语的主动权。

1.礼貌开场,缓和问答气氛

回答问题的开场多种多样,回答的方式也多种多样。有些回答者总是习惯在听完问题后以一种赞许的语气表示感谢:"这个问题很有深度"或者"你的提问触及了问题的实质",以此来建立一种和谐、融洽的气氛。即使问题听来真的有些刻薄,回答者仍旧可以表扬提问者:"我们总是能够盼到直中要害的问题。"当然,这种技巧也应慎用。如果回答者从一开始就表扬每一位提问者,则可能被听众怀疑为不诚实,故而要尽量使用不同的形容词和语句,如"这可真是个棘手的问题""你的这个问题问得恰到好处""我希望有人会这样问"。当然,没有条文规定回答问题的人必须表扬每一位提问者,毕竟回答好问题才是最重要的。

2.听清问题,快速理清思绪

回答问题要以听清或理解问题为前提。含糊不清的问题对于问答双方都是一个陷阱。有时候,回答者在未能完全听清或肯定理解这个问题之前就急于解释,却因为太熟悉它们才产生立即就做出回应的冲动,结果答非所问,文不对题。聪明的人一般会进一步发问而获得明确的信息。比如,有人问,"您认为一位公司员工应该在他的事业上投入多少时间?"一个聪明的讲话者会首先通过反问澄清这个问题,"您的意思是在正常的工作时间之内吗?"

在听清问题之后,要迅速理清思绪,作好回答准备。首先第一步要分析问题的目的,明确回答或者不回答,有些问题是因为某个好争辩的"家伙"正在考验回答者的辨别能力,有些问题则是故意寻衅滋事的家伙不断地干扰,有些时候则是回答的确需要时间思考,就可以礼貌地提出建议,如"是否我们可以会后再讨论这个问题"。在明确问题是否回答后,迅速在脑海中列出回答的顺序,包括了回答的第一步以及后续的回答思绪。

3.鉴别问话,使回答具有针对性

当听到对方的提问时,首先就要对问题的内容,真正的含义,问者的动机、目的等进行思索、鉴别,然后决定自己应采取的态度,决定如何有针对性地回答。鉴别问话时,不仅要注意问话的字面意思,还要注意它的言外之意,否则,只就字面意义作答,往往答非所问。如"你知道我那本书哪儿去了吗?"在特定环境下,提问者的言外之意可能是怀疑对方偷了书,如仅就字面意义回答:"不知道",就可能加深提问者的怀疑,因为他没有真正回答提问人的问题。如说:"我一上午没在宿舍,不知你的书谁拿去了,你问问别人吧!"这就是针对问题本身做了回答。

有的提问暗含一种前提意义。如黑格尔在《哲学史演讲录》中曾举过一个例子:有人问梅内德漠:"你是否停止打你父亲了?"梅答道:"我从来也没有打过他。"如果梅内德漠仅就字面意义来回答,不管是答"是"还是"否"都有危险,摆脱不了困境(这是对方想达到的目的)。他针对问话的性质,否定了问话的前提:你曾经打过你父亲,因此,他的答话是成功的。

三、问答的技巧

(一)提问的方式

提问的方式一般有封闭式提问和开放式提问两种最基本的方式。除此之外,还有引导式提问等其他方式。

1.封闭式提问

封闭式提问对回答的内容有一定限制,提问时,给对方一个框架,让对方在可选的几个答案中进行选择。这样的提问能够让回答者按照指定的思路去回答问题,而不至于跑题。这类问题通常得到的都是明确的答案,类似"是"或"不是"或一点详细的信息。比如,"你现在心情好吗?""你感到紧张,对不对?"对于这一提问方式,只需要作出是非判断。采用这种提问方式的主要目的,是对信息进行确认。

在会谈中,封闭式提问是必要的,但不宜多用,因为它限制了来访者进行内心探索,限制了自由表达,使会谈趋于非个人化。而且,一连串的封闭式提问会使来访者变得被动、疑惑、沉默。比如,有一个保险推销员向一名女士提出这样一个问题:"您是哪一年生的?"结果这位女士恼怒不已。如果这位保险推销员改为另一种方式问:"在这份登记表中,要填写您的年龄,有人愿意填写大于廿一岁,愿意怎么填呢?"结果就好多了。

2.开放式提问

开放式提问是指提出比较概括、广泛、范围较大的问题,对回答的内容限制不严格,给对方以充分自由发挥的余地。这样的提问比较宽松,不唐突,也显得体。特点:常用于访谈的开头,可缩短双方心理、感情距离,但由于松散和自由,难以深挖。对于这一提问方式,回答者答案是多样的,没有限制,没有框架,可以自由发挥。采用这种提问方式的主要目的是收集信息。比如,"陈卓你好吗?"诸如此类的问题通常得到的也是泛泛的信息,一般在还不太了解对方的情况下我们使用这种提问方式,在得到对方的信息之后我们就可以继续提出相对有针对性的问题。

3.引导型的问题

引导式提问是沟通过程中不可缺少的提问技巧之一。不了解对方的情况或需求时,通常采用引导式提问。这种方法通过一个或多个问题不断地引导对方的思路、诱发对方的情感,进一步引导对方明确沟通的范围和内容,渐渐打开对方的"话匣子"。引导性问题有两种形式:第一种直接包含答案,主要用于给对方指明方向;第二种包含某种格式的提示,以便对方自己寻找正确的答案,当然所谓的"正确"代表着这种正确可能是预先设计好的。需要注意的是能起到引导作用的不仅仅是表述的内容,提问时的肢体语言以及语音语调也能起到引导作用。最大考验就是谈话者的引导能力,对不了解的对象,如果能善于引导,那么谈话对象的内心想法就能顺理成章地开采成功,也就能达到沟通的目的。

比如你想获取对方公司决策人的信息,你可以这样去问:

"你好,我是××公司的××,我们公司最近在联合众企业举办一次企业高层论坛会议,这次论坛得到大家的广泛重视与认同,如××企业的××(多举几个例子),你们公司也在邀请范围之内,我想您的公司应该不想放弃这次参与的机会吧,您能否告诉您公司领导的姓名与电话,我们好发邀请函给您们领导?"

这种引导式的询问方法,要比直接询问对方领导的信息要有效得多,因为里面阐明了一定的利害关系以及其他企业的举证的论据,这样对方如果拒绝,就会考虑到万一的情况。

4.特定式提问:

特定式的问题就是必须有特定性答案的问题。

甲:"你最近在做些什么?"

乙:"做培训课程!"

甲:"什么方面的课程呢?"

乙:"是关于性格方面的。"

以上提问中的"最近""什么方面"就是属于特定式提问,对方在回答时也应该有特定性的答案。

5.选择式的提问

一个二选一的问题,或者说选择式的问题,可以限定顾客的注意力,要求顾客在限定范围内做出选择,让自己而不是让顾客掌握主动权。有家咖啡店卖的可可里可以加鸡蛋。售货员就常问顾客:"要加鸡蛋吗?"后来,在一位人际关系专家的建议下,改问:"要加一个鸡蛋,还是两个鸡蛋?"在这个案例中,服务员放弃了原来开放式的提问,改用选择式的提问,结果销售额大增。当你想和别人约时间时,你也可以采取这种选择式的方式。"我个人对这个项目不太了解,但是我真的是很感兴趣,希望向您学习点这方面的知识,我不知道是今天晚上找您聊一聊,还是明天下午找您聊一聊比较好,您看是明天下午还是今天晚上,您比较方便?"这是一个二选一的问题,如果对方回答"都可以",那么你就可以继续问"那今天晚上好吗"。对方已经答应了任何时间都可以,这个时候你就掌握了时间主动权,就可以选择一个适合自己的时间。

提问的方法丰富多样,提问者都可以根据沟通中的具体情况,灵活地加以运用。同时,这些方法既相对独立,又互相联系,它们可以单独使用,可以交替或交叉使用。在掌握了每种方法的要领后,就可以在沟通的过程中运用自如,获取最佳沟通效果。

(二)回答的技巧

在了解对象、鉴别问话、理清思路后,可以采用多种回答方式回答问题,包括直接回答法、附和回答法、报告回答法、反问回答法、回避回答法和答非所问等回答法。

1.直接回答法

直接回答包括直接以"是"或者"不是"回答和巧妙回答两类。以"是"或者"不是"回答直接做出反应,或者是沟通的内容很简单、无创意、无建设性,问话和回答的目的仅仅为了

任务二：改改看

请将以下开放式提问改为封闭式提问,并分析比较在推销客户购房时采用哪种提问方式更有效。

1.张先生,您好,请问您今天什么时候来看房啊?
2.张先生,咱们今天看的房子您考虑得怎么样了,能定下来吗?
3.张先生,这套房挺适合您的,您考虑把他定下来吗?

任务三：你能当好推销员吗？

假设你是一家财务公司的软件推销员,你想向一个公司推销一套。从打电话开始,你要如何推销,才能让客户从接电话到有意向购买并希望你到公司具体演示这套软件。

学习评估

看看你是否能留住客户？如果你是一个某品牌家具店的服务员,顾客到你的店里买一个柜子,在几番讨价还价不成后,顾客说:"你的价格太贵了。"请根据你的生活经验,列出至少两种你不会再买的回答,然后请进行分析,诊断服务员的失误并提出服务员应有的回应以便能留住客户。

延伸思考

一、演练题

【演练1】假设你身处一个招聘会现场,面试官问你:"你认为你有什么缺点吗?"针对这样的问题,你该怎么回答?

【演练2】设想你在辩论场上——
辩题:正方:美是客观存在;反方:美是主观感受。
正方:请问对方三辩,我美不美?
如果你是反方三辩,你该如何回答,才能博得大家的掌声?

【演练3】在一个大学生宿舍中,你的舍友对假期归来的你说:"你的体重好像又增加了5公斤,是不是?"你应该怎么回答?

【演练4】在一个大学生宿舍中,你的舍友对刚刚购买并试穿了新裙子的你说:"这就是你的新裙子吗?怎么看上去像用来做椅套的家具布?"你应该怎么回答?

【演练5】假如你是一位记者,将要访问的是一位国企的老总,讨论的问题是关于其企业正在进行技术改革,请进行问题预设。

二、补充案例(教师可设计问题,供学生学习分析)

【案例1】北京远郊区有个山村的群众吃水很困难。后来,在当地政府的关怀下,村民都用上了自来水。记者采访一位老大娘时问道:"大娘,您吃上自来水了,高兴吧?"大娘回答说:"高兴!高兴!"这次采访,记者就提了这一个问题,大娘也就连着说了两个"高兴",心里有话却因记者的直白而没能说出来。如果问:"大娘,原先您想到过吃自来水吗?"或者"大娘,听说你们过去吃水好困难?"大娘心里的话就能痛快地说出来。

【案例2】原山西电视台记者高丽萍,1987年在采制专题片《重访大寨录》时,她先和郭凤莲聊天。郭凤莲一听说要采访当年大寨的模范人物,就急切地说:"采访别人我没意见,我是不愿意接受采访,我再也不想上电视上报纸了。"记者问她为什么,她说:"前几次有的记者找我,我正好有急事要办不在家,就说我拒绝采访,躲着不见,还有人说我对三中全会的政策不满。我根本没意见,大寨人现在不就是靠三中全会的富民政策富起来的吗?一听他们那样说我,我就生气。"

高丽萍看到对方说到这里,还是一副气鼓鼓的样子,就对她说:"我理解你的心情。可我觉得要让人们真正了解你和大寨人今天的情况,就得你们自己出面说话,大家才信。现在你又不接受我的电视采访,观众怎么能知道你是如何看待三中全会的政策,更不知道你的近况如何了,你说呢?"果然,这入情入理的一激很有效,郭凤莲马上就说:"那好,你就采吧。可我从哪说起呢?"当下,记者就给她出了主意,对方也爽快地接受了采访。

【案例3】化解"麻烦"问题:讲话如战场,形势瞬息万变。不经意间你可能就发现自己已经被问到一个将自己陷入困境的问题。这里是一些这种类型的问题和你可以迅速、专业地做出回应的方式。

(1)回复带有倾向性的问题

问:这条声明对你们公司造成了什么样的损害?

答:关于这件事情,我不同意您的这种假设,事实上……

不要通过尽量忽略它的办法去否认这种假设。相反,回答者要坚定地向这种假设挑战。当然,不要有失礼貌。然后继续回到沟通的主题中。

(2)面对不知道答案的问题

问:投资额是多少?

答:我不想随便地回答你一个不准确的信息,我希望告诉你准确的信息。

(3)面对知道答案但是不能说的问题

问:报价是多少?

答:我现在不便说,因为:

①这属于商业机密;

②董事会还没有定下来；
③我不便对此发表意见；
④这个问题过于敏感；
⑤这个问题目前还在讨论/谈判/协商中。

(4)面对不能回答的二选一式的提问

问：你们打算增加投入还是维持原有水平？

答：我们的目标是提供最优质的服务。

忽略两个选项。继续论述或回到主题。

(5)面对压迫式提问

问：……那么为什么不公开你们的计划呢？

答：我在前面已经提到，这项计划刚刚出台，正准备向外界公布，我会在一个合适的时间对外界公布。因此，与此相关的所有问题，也无需再问。

(6)面对含糊不清的提问

问：告诉我你们这个组织的情况。

答：你具体想了解哪些问题呢？

(7)面对谣言。

问：最近有一些传言，说其他公司可能也在发展相似的产品……

答：我们仅关心这个消息是否真实，还有这个谣言是从何时开始的（我看不到这个谣言有什么可以相信的地方）。

(8)面对同时提出的多个问题

问：这些变化将会带来什么影响……你们是否能够继续……你们是否将不得不……

答：我先回答第一个问题。这些变化将使我们提高效率，从而对公众更加负责。至于后面的问题……

选择最容易的一个问题回答，将会有助于抓住要点，同时不必立即回答所有问题。

项目十　学会演讲

项目介绍

演讲是当众阐述自身对社会的见解和认识的一种语言表达形式,是作为沟通、说服以及展示个人价值的重要渠道,演讲已经成为一个合格的社会人所必须具备的基本能力之一。本项目主要探讨演讲的作用、演讲的基本原则、演讲的基本功训练。

学习目标

了解演讲的基本原则,掌握演讲的基本方法,练就演讲的基本功,能在公众场合自如地、清晰地表达自己的见解并能调动听众的情绪。

学习导入

观看电视节目《非你莫属》2015年5月31日2号求职者池素月求职,为什么她以失败告终?

学习准备

一、演讲的作用

演讲作为一种普遍存在的语言表达方式,具有不可估量的社会作用和社会价值。主持会议需要演讲,商务谈判需要演讲,接受采访需要演讲,鼓励员工需要演讲,凝聚人心需要演讲,化解矛盾需要演讲,宣传动员需要演讲,改革创新需要演讲,汇报工作需要演讲,加薪晋职需要演讲,竞聘上岗需要演讲,工作述职需要演讲,问题解释需要演讲,说明情况需要演讲,介绍产品需要演讲,自我推介需要演讲,沟通思想需要演讲,打通人脉需要演讲,激发士气需要演讲,征服他人需要演讲,员工培训需要演讲……美国大选前许多人都评价:奥巴马的政见并不新颖甚至有点平庸;拥有的个人财富只有对手的几十分之一;相貌远逊于前辈肯尼迪和克林顿,而且还是非美国本土的外来黑哥……奥巴马唯一让人嫉妒的是他拥有最能鼓动人心的好口才,这是上帝给他最好的礼物和恩赐!在公众舞台上,成功的演讲者,常常让我们透过其声音、咬文吐字、声调、语调、态势语言而感受到他们丰富的学识、敏锐的思维、良好的修养,这些都是经过成功者千锤百炼而成的,所谓"台上一分钟,台下十年功"。一次成功的演讲,不仅是使演讲者获得锻炼与提升,更能够启迪人心,传播真理,培养情感……演讲对听众的作用是多种作用的综合,一般包括六个方面:一是真理的启迪作用,二是情感的激发作用,三是知识和信息的传播作用,四是艺术美感作用,五是扶正祛邪的作用,六是行动引导的作用。古今中外所有成功的演讲家,都是拿着演讲这个工具和武器,宣传真理、捍卫真理,向一切丑恶的势力,进行着艰苦卓绝的斗争,从而唤醒民众,把社会一步一步推向前进。

对社会而言,演讲能够祛邪扶正,形成正确的舆论,促进社会文明发展;演讲能够培养高尚美好的情感,促进人类的文明建设;演讲更能够唤起听众的行动和实践,使之投身于现实世界的实践活动中。听众的行动是演讲一切理想感性作用的最集中、最实际的体现。

二、演讲的原则

(一)成功的演讲必须有正确的道德情感

所有成功的演讲必须引导听众正确的行动。在演讲过程中,演讲者通过自身情绪的调动、内容的组织,以及身体姿态、语言发声等技巧,深刻地影响到听众的思想情感,甚至影响到听众的行为。

不能引导听众行动的演讲绝不是好的演讲。成功演讲必须以演讲者自身正确的道德情感为基础。正确的道德情感能够感染和影响听众,传递美好,传递正能量,从而培养听众正确、高尚的情怀。从以下案例可见到演讲对培养、影响听众的情感的巨大作用。

古罗马统帅恺撒被以布鲁图斯和卡西乌斯为首的密谋者刺杀后,布鲁图斯为了掩盖罪行,在当众演讲中颠倒是非,诋毁恺撒是暴君、独裁者,在他的演讲结束之后,听众们一致叫喊"杀得好"! 但是当执政官安东尼在随后的演讲中一件一件历陈恺撒的功绩,并且用他的友谊、真诚的情感证明恺撒是宽厚的君主时,听众们的情感发生转变,甚至愤怒地烧毁布鲁图斯的家。

我国伟大的民主主义革命先行者孙中山先生在致力于民主革命40年间,始终以演讲为武器启迪和呼唤民众投身于民主革命。正如后来许多参加辛亥革命的老人回忆道,他们之所以参加辛亥革命,就是因为听了孙中山先生激动人心的演讲所致。

(二)成功的演讲必须是综合的传达系统

演讲,可以说是由"演"和"讲"组合而成的,演讲者的有声语言、态势语言以及其主体形象构成了一个综合的、统一的、完整的传达系统,缺少任何一个因素也构不成演讲活动。如果只有"讲"而没有"演"(包括主体形象),听众的听觉得到满足,却无法感受到感人、动人的主体形象及表演活动,缺少实体感;只有"演"而没有"讲",就犹如在聋哑学校看着聋哑的手势一样,总是让听众难以理解演讲者的意图。所以,只有既"讲"且"演",以"讲"为主,以"演"为辅,既是听觉的,又是视觉的,兼有时间性和空间性艺术特点的综合活动,才能称为演讲。"讲"与"演"和谐地、有机地统一在一个综合性的传达系统中,才能构成完整的演讲传达手段,并圆满地完成演讲的任务。

(三)成功的演讲必须是统一的演说过程

演讲,是具有针对性、可讲性、鼓动性特征的演说过程,是用于公众场合的宣传形式。为了以思想、感情、事例和理论来晓谕听众,打动听众,"征服"群众,必须具有现实的针对性和演说的可讲性。也就是说,演讲者提出的问题应当是听众所关心的问题,评论和论辩应当有雄辩的逻辑力量,要能让听众所接受并心悦诚服,这样,才能起到应有的社会效果;同时,演讲者以及演讲组织者必须通过一个有效的过程控制,获得听众的信任,营造现场的氛围,提高信息的接受度,提升演讲者与听众之间的互动性,从而使演讲能够激发听众情绪,赢得好感,展示其应有的鼓动性。

三、演讲的基本功

(一)有声语言

演讲是一门语言艺术,它的主要形式是"讲",即运用有声语言并追求言辞的表现力和声音的感染力;同时还要辅之以"演",即运用面部表情、手势动作、身体姿态乃至一切可以理解的态势语言,使讲话"艺术化"起来,从而产生一种特殊的艺术魅力。

对演讲者来说,写好了演讲词,不一定就讲得好,正如作曲家不一定是演唱家一样。有文才,善于写出好的演讲词的人,不一定有口才,不一定能讲得娓娓动听。真正的演讲家,既要善写,还要会讲,即既要有文才又要有口才。从演讲的角度上说,口才比文才更为重要。如果演讲者讲话哼哼哈哈,拖泥带水,"这个""那个"的一大串,那么,即使有超凡脱俗的智慧,有深刻广博的思想内容,也无济于事。当今社会是开放的信息社会,新型人才不仅要有开拓进取的精神,而且还要有出众的口才。

"冰冻三尺,非一日之寒。"良好的口才,往往是经过不断地训练培养出来的。演讲口才的训练,不仅要勤练、苦练,而且要巧练。要练习得法,摸清规律,掌握要领。

演讲有声语言训练的内容应包括音质、音准、语速、语长、音强、语气、语调、重音、停顿、节奏、变音(颤音、拖腔等声音艺术化的手段)等各个方面。下面重点讲讲几点需要特别注意的。

1.发音正确、清晰、优美

演讲以声音为主要物质手段,对语音的要求很高,既要能准确地表达出丰富多彩的思想感情,又要悦耳爽心、清晰优美。为此,演讲者必须认真训练自己的语音面貌,努力使自己的声音达到最佳状态。一般来说,最佳语言是:

(1)准确清晰,即吐字正确清楚、语气得当、节奏自然;

(2)清亮圆润,即声音洪亮清越、铿锵有力、悦耳动听;

(3)富于变化,即区分轻重缓急,随感情变化而变化;

(4)有传达力和浸彻力,即声音有一定的响度和力度,使在场听众都能听真切、听明白。

演讲语言常见的毛病有声音痉挛颤抖,飘忽不定;大声喊叫,音量过高;音节含糊,夹杂明显的气息声;声音忽高忽低,音响失度;朗诵腔调,生硬呆板等。所有这些,都会影响听众对演讲内容的理解。

要达到最佳语言效果,一般来说,要做到如下几点:

其一,字正腔圆。字正,是演讲语言的基本要求,要读准字音,读音响亮,送音有力。读音要符合普通话声母、韵母、声调、音节、音变的标准,严格避免地方音和误读。如将"菜市场"说成"晒市场",将"干涸"说成"干固"等。读错、讲错字音,一方面直接影响听众对一个词、一个句子,甚至整篇内容的理解;另一方面也直接影响演讲者的声誉和威信,降低了听众对演讲者的信任感。

腔圆,即声音圆润清亮,婉转甜美,富有音乐美。要发音响亮,演讲时齐齿呼音节(i 和 i 开头的韵母)与撮口呼音节(ü 或以 ü 开头的韵母)发音时由于口腔开合小,共鸣腔不大,音发出来不亮。要尽量在备稿时换成开口呼音节(a 或以 a 开头的韵母)与合口呼音节(o 或以 o 开头的韵母)。如把"至"改为"到",把"与"改为"和"。

其二,分清词界。词分单音节和多音节。单音节词不会割裂分读,而多音节词则有可能割裂引起歧义。例如:"一米九个头的冯骥才伫立在空荡荡的山谷里。"这句话中的"一米九个头"本意是"一米九的个头"念时应为"一米九——个头",如果词界划分不当,很容易弄成为"一米——九个头",把"个头"(身材)一词割裂为"个"(量词)和"头"(名词)两个词,因而产生歧义。演讲者如出现这种错误,便会令人忍俊不禁。

其三,讲究音韵配搭。汉语讲究声调,声调能产生抑扬急缓的变化,本身就富有音乐美。好的演讲,平仄错落有致,抑扬顿挫,显得悦耳动听。尽量双音节化,汉语中的一些单音节词表达意义复杂、深刻,如果能改成双音节就明白、通俗些。且双音节响亮明朗,有顿挫变化,易于表现语言的音乐美。注意押韵,如果在适当的地方有意押韵,更能产生一种声音的回环美与和谐美,讲起来上口,听起来悦耳,似有散文诗的风韵。平仄相间,汉字一字一调,高低升降,起伏变化。作为平声字的阴平、阳平变化不大,比较稳,易听清楚;仄声字的上声、去声变化大,声音短促,音感强烈。二者要相间配合,使音节起伏变化。此外,恰当地运用象声词和叠声词,进行渲染烘托,也能收到声情并茂的功效。

2.词句流利、准确、易懂

听众通过演讲活动接受信息主要诉诸听觉作用,演讲者借助口语发出的信息,听众要立即能理解。口语与书面语之间有较明显的差距,有人说,书面语是最后被理解,而口语则需立即被听懂。与书面语相比,口语具有以下特点:

(1)句式短小。演讲不宜使用过长的句子。

(2)通俗易懂。要使用常用词语和一些较流行的口头词语,使语言富有生气和活力。

(3)不过多地做某些精确的列举,特别是过大的数字,常用约数。

(4)较多地使用那些表明个人倾向的词语,诸如"显而易见""依我看来"等等,并且常常运用"但是""除了"等连接词,使讲话显得活泼、生动、有气势。当然,讲究表意朴实的口语化,绝不能像平常随便讲话那样任意增减音节,拖泥带水,这样便损害了口语的健康美,破坏了语言的完整性。

3.语调贴切、自然、动情

语调是口语表达的重要手段,它能很好地辅助语言表情达意。同样一句话,语调高低长短、轻重缓急、快慢停顿的变化,都会影响表达的效果。无论高兴、喜悦、难过、悲哀、愁苦、犹豫、轻松、坚定、豪迈等复杂情感,都能通过语调的变化表现出来。同时,这种变化还可以造成声音的多样化,从而使听众乐于接受,并赋予听觉上的美感。一般地说,语调有以下几种运用技巧:

(1)轻重变化

对演讲者来说,利用轻重音起伏跌宕的变化来有效地传情达意,是非常必要和重要的。当然,这是指逻辑重音的运用。它既能突出演讲中某些关键的词、句和段,从而突出地表现某种思想感情,又能加强语言的色彩,美化语言。

演讲者的成功经验表明,一般的演讲,尤其是那种议论型的演讲,其结尾段往往重音较多,甚至整段都是重音,以此来造成一种强烈的气氛,突出结尾所概括的演讲的主要内容、中心议旨,把整个演讲推向高潮,给听众留下更深刻的印象。

(2)快慢变化

演讲的声音应当有快慢缓急变化。怎样变化呢? 主要是根据表达思想感情的需要。在表达一般内容时,语速可以适中,既不要太快,也不要太慢。当表达热烈、兴奋、激动、愤怒、紧急、呼唤的思想情感时,出言吐语就要快些,要滔滔汩汩、势如破竹;讲到庄重、怀念、悲伤、沉寂、失落、失望的思想感情时,语速可以放慢些,娓娓道来。

演讲语音的变化,应当是自然、顺畅的。只有音速适宜、快慢有致,才既能有效地传情达意,又能令听众感到优美入耳。如果语速不当,缺乏快慢变化,始终保持一个速度,那就很难准确、恰当地表达出演讲者内心的思想感情,也使听众感到厌烦,难以接受。

(3)高低变化

语调有高低变化,或者说是抑扬变化。一般说来,高音为升调,即句子调值由低到高,句尾发音往往最高,一般用于疑问句。低音为降调,即句子调值由高到低,句尾发音往往最低,一般用于陈述句、祈使句和感叹句。

在演讲中,为了更有效地表达思想感情,就不能不对语言做高低抑扬的变化处理。既不能一味地高,破嗓裂喉;也不能一味地低,有气无力。只有使音调的高低随意而变、随情而变,才能制造最佳的演讲效果。

(4)停顿变化

停顿,就是说话时的间歇。演讲不仅要有停顿,而且还应该利用停顿,使停顿变为一种表达艺术,以求更有效地表达演讲者的思想感情。

那么,究竟怎样停顿呢?一般说来,停顿有三种:一是自然停顿,即词语或句子间的自然间隔;二是文法停顿,即段、句之后的较长一点的停顿;三是修辞停顿,即由于某种修辞效果的需要而作的停顿。对演讲来说,无疑地应综合运用这三种停顿,使它们变为一种技巧性的停顿、艺术性的停顿。

具体来说,在一般情况下,可做一般性停顿。然而,在某些特殊情况下,则应做较长一些的停顿。比如,在向听众提出某个问题之后,在提出自己的某个观点之后,在道出某个妙语警句之后,在讲清一个相对完整的意思之后,都要做较长一点的停顿。

总之,停顿是演讲的一种非常有效的表达艺术。演讲运用了停顿艺术,不但不会使演讲散乱,反而能使整个演讲抑扬顿挫、起伏跌宕、连贯畅通,让听众享受到一种语言的节奏美。

语调的选择和运用,必须切合思想内容,符合语言环境,考虑现场效果。语调贴切、自然正是演讲者思想感情在语言上的自然流露。所以,演讲者恰当地运用语调,事先必须准确地掌握演讲内容和感情。

总而言之,声音是演讲者主要的武器,因此,演讲者要对声音进行设计,通过发声技巧以及声音的控制,达到"大弦嘈嘈如急语,小弦切切如丝语,嘈嘈切切错杂弹,大珠小珠落玉盘"的境界。

演讲者有声语言的训练可以通过普通话训练来矫正自己的音准,并通过多朗读提高自己的发声技巧。

(二)态势语言

除有声语言之外,演讲还必须辅之以相应的态势语言。所谓态势语言,就是指在一定程度上能辅助有声语言表达思想感情的眼神、表情、体态、手势等等。在演讲中,应以有声语言为主,以相应的体态语言为辅。恰当的面部表情、身势、手势,以及其他一切能在一定程度上表达思想感情的动作,可以使演讲"剧化",使听众不仅听觉器官发挥作用,而且视觉器官也同时发挥作用,从而弥补有声语言的不足,增强表现力和感染力。有声语言和体态语言有机地紧密结合,相得益彰,共同发挥作用,演讲便能生动感人,形成一个统一和谐的传达系统。

1.手势语

手势语是演讲态势语言中的一个重要的组成部分,是由演讲者运用手掌、手指、拳和手臂的动作变化来表达思想感情的一种语言。演讲中,手势是身体语言中的一个引人注目的"角色",是演讲中有声语言的最好辅助,使有声语言显得生动、活泼而自然,增强声音的感染力。同时,也是交流、传播思想、意念和情感的最重要的辅助手段。原苏联的演员瓦帕帕江也说:"手势语本身就像文字一样地富有表现力。"例如,毛泽东在演讲时常有一个叉腰的手势,孙中山先生演讲时常常拄着手杖,斯大林在演讲时习惯拿着烟斗,边讲边摇,这些手势成为他们在演讲中的独特风格。

在演讲中,演讲者正确而及时地使用手势,有助于说明问题、表明心迹、升华情感、感染听众,从而收到良好的演讲效果。如赫恩登在回忆林肯辩论时说,林肯表现欢乐情绪时把两臂高举成50度的角,手掌向上;痛斥奴隶制时,在痛心处则紧握双拳,在空中用力地挥动,把自己的观点、情感直截而强烈地表达出来,使听众深受其感染。由此可见,手势既可以引起听众的注意,又可以把演讲者的思想、意念和情感表达得更充分、更生动、更形象,从而给听众留下更深刻、更鲜明的印象和记忆。难怪弗洛伊德认为"手指尖会说话"。

演讲者在演讲中,必须根据表达的需要和手势的特点、作用,使有声语言和无声手势默契地配合使用,增强演讲的效果。根据手势作用和特点的不同,在演讲中主要用于以下几个方面:

(1)表情:用手势表达思想感情,使情感表达得真切、具体、形象,渲染作用很大。如高兴时拍拍手,悲痛时捶胸,愤怒时挥舞拳头,悔恨时敲前额。翘起拇指或鼓掌表示钦佩、赞扬;双手摊开表示真诚、无可奈何;手摸后脑表示尴尬或不好意思;挥手用力下砍表示坚决果断的决心或态度;见面时伸手,手掌向前伸,手心向上,胳膊微曲,与别人紧握表示友好和欢迎等。表情性手势是演说人内在情感和态度的自然流露,鲜明突出、生动形象地表明自己的观点、情感,能给听众留下深刻的印象。如西方政治家在一些盛大的群众集会上演讲之前,面对热烈鼓掌的广大听众,他们往往会用双手举过双肩,手心向外,向听众摇摆,表示对听众的欢迎致以礼貌性的谢意,以及恳请听众停止鼓掌,以便他开始演讲。表情性手势语在演讲中运用得最多,其表现方式和含义也极为丰富。

1917年5月14日,列宁在演讲台上,时而来回走动,时而有力地挥动双臂,时而俯身,那激昂的声调、适当的动作,给人以无尽的感染力。对无产阶级革命必胜的信心,对人民的爱,对敌人的蔑视,是他演讲时激情和力量的源泉。因而在演讲中,他总是那么热情洋溢、精神振奋。列宁的演讲、列宁的激情,没有丝毫的矫揉造作的成分。他不以浮华辞藻来哗众取宠,不以无病呻吟来博取同情,而是以自己坚定的信念和执着的追求以及对是非功过的正确认识来激励、鼓舞群众,号召他们起来斗争。

(2)达意:用手势表明具体内容,直接指示了演讲者要说的事物,或者表达特定含义。如招手表示过来,连连摆手表示反对或不要,挥手表示再见或叫人走开,用手指自己表示谈论自己及其有关的事等。又如,1942年延安整风运动中,毛泽东曾多次为党政军干部作演讲,他把内容归纳为一、二、三、四或甲、乙、丙、丁,并且边讲边用右手扳着左手指,一个一个地数,其手势语含义直截了当。当说到"你""我""他",或者"这边""那边""上头""下头"等等,都可以用手朝相应的方向指一下,给听众以实感,让人明白其中的意思。

再如周恩来,运用最多的体态语是握手,通过握手向对方输送了友好、理解、欢迎、尊重等各种信息。1954年日内瓦会议期间,在会议室里,周恩来出人意料地向美国国务卿杜勒斯伸出手去,这是一个让人捉摸不透的先发制人之举,屋里人都呆呆地看着杜勒斯如何反应。这个美国人的脸一下子绷紧,脸色煞白,审慎地摇摇头,然后把手抄在背后,随即逃也似的走出门外。周恩来处变不惊,镇定自若地凝视着杜勒斯的背影,高雅地耸耸肩,并风度十足地举起他的双手,似乎在说:"这是什么行为啊!"这无与伦比的手势语,使他在全世界赢得了朋友。许多外国朋友认为,这位穿草鞋的中国人在这种突变场合下表现得很高贵。

(3)描摹:借助手势描摹事物的形象或状态,给听众一种形象的感觉。例如,表示事物很大时,用双手合成一个大圆;表示高兴时,手向上抬;表示弹力强时,手慢慢压下去并快速抬起;进行爱国主义宣传,号召大家要为伟大祖国献出一颗火热的心,可以做双手捧物的姿势等。描摹性手势能使所表达的内容更形象、更生动,易于让听众看后领悟。

例如,二次大战期间,英国首相丘吉尔在电视演讲结束时,举起握拳的右手,然后伸出食指和中指构成"V"形,以象征英文"胜利"(victory)一词的开头字母,结果引起全国人民的欢呼。同时,丘吉尔的手势也十分形象地表达了英国人民战胜法西斯的必胜决心和信心。

(4)象征:即用手势将某一抽象的事物或概念表达出来,表示抽象的意念,能引起听众的联想和想象,让听众易于领悟其内涵。如说到"把革命进行到底"时,手掌果断、猛力地向前方劈去,给人一种信心和力量;说到"迎接美好的明天"时,张开双臂,慢慢向前;表达"胜利了,成功了"时,双手握拳,用力向上挥动;表示严禁或坚持制止时,做一个手掌用力下砍的动作。一位演讲家向听众发出号召:"同志们,让我们尽快地行动起来吧!"手势就要紧密配合最后一句话,把双手向上高高地扬起,显得有气魄,有声势,有感召力。例如在延安的一次演讲会上,当演讲快结束时,毛泽东掏出一盒香烟,用手指在里面慢慢地摸,但掏了半天也不见掏出一支烟来。他一边讲,一边继续摸着烟盒,好一会,他笑嘻嘻地掏出仅有的一支烟,夹在手指上举起来,对着大家说:"最后一条!"这个"最后一条",既是最后一个问题,又是最后一支烟。毛泽东的话一语双关,妙趣横生,惹得全场大笑起来,听众们的一点疲劳和倦意也在笑声中一扫而光了。

演讲是一门艺术,然而手势的运用则是艺术中的艺术。罗丹说得好:"没有灵魂的手,强烈的感情也是瘫痪的。"手势在演讲中的作用是多方面的,善于运用手势可以扩大其思想内涵,加强其形象表达,增强其感情色彩。但它毕竟是演讲中的辅助手段,不可喧宾夺主,而且也不应当代替有声语言。因此,运用手势时必须准确、适度、简练、自然、协调,和其他表演手段配合好,做到融会贯通、运用自如、协调一致,才能收到最佳的演讲效果。如果这样,你的演讲一定很精彩。

2.眼睛语言

眼睛是心灵的窗户,嘴巴可以说话,眼睛不能说话,但眼睛的奥妙,在于它是真实的,可以编出一千句、一万句谎言,却不能遮挡眼睛的真实性。眼睛注视用得多的有三种:

(1)凝视:集中目光看对方,如果是公事,目光限制于前额到双眼,使人感觉你很诚恳认真;如果是社交,就看双眼到嘴三角区;如果是关系非常亲密的朋友,就看双眼到胸。

(2)环视:眼睛向前然后有目的地扫一下,好处是使所有听你讲话的人都注意了你,不觉得你在和他(个人)交流,能较全面地了解听众的心理反应。而且可根据你的环视随时调整说话的节奏、内容、语调,把握说话的主动权控制住。

(3)虚视:就是似视非视,演讲就需要这种虚与实的目光交替,"实"看某一部分人,"非"看大家,演讲要做到"目中无人,心中有人"。

3.表情语言

每个人都有面部表情,脸上的每个细胞、每个皱纹、每个神经都表达某种意愿、某种感情、某种倾向。面部表情是最准确的、最微妙的人的"晴雨表"。美国著名的教育家戴尔·卡耐基在说到罗斯福总统演讲时,说他全身好像一架表现感情的机器,他满脸都是动人的感情。这样使他的演讲更有力、更勇敢、更活跃。当代著名演讲家、演讲理论家邵守义演讲时脸部表情丰富多彩,丰富的表情后面表现着复杂的思想情韵。人的面部表情贵在四个字:自然、准确。要自然真诚,发自内心,尽量保持日常生活中的自然性;面部表情应能准确地与实际内容和现场气氛相统一,与演讲者的意图相吻合;既要有灵敏感和鲜明感,又要有真实感和艺术感,但不要刻意追求演员式的表情。

　　有些演讲者不善于运用自己的面部表情,不管内容如何转折变化,不管感情如何波澜起伏,始终都是一种表情,仿佛面部表情同思想感情的变化毫无关系。这不仅会给听众一种呆滞、麻木的感觉,而且有损于思想感情的表达。

　　(三)逻辑思维

　　演讲要征服听众的心灵,使其接受演讲传播的思想内容,固然需要语言材料,而语言的表达无不例外地需要内在的思维逻辑。思维逻辑简单地说就是讲话有条理、有层次、不混乱。思维是演说的根本,思维方式恰当,语言准确,是演说成功的重要因素,如果思维混乱、语言暧昧,即使口若悬河、滔滔不绝,听众也会不知所云,不明其意。演讲者思路通畅,推理合乎情理,语言准确、鲜明、生动,而这一切与思维的逻辑性有密切关系。正确的逻辑思维形成透彻的真知灼见,并且恰如其分地将逻辑形式与语言形式熔为一炉,使见解、真理在听众面前呈现为立体形象。演讲者只有遵守逻辑规律,才能与听众建立交流思想感情的基础,演讲才会成功。

　　下面介绍几种思维逻辑训练的方法:

　　1.5W1H法

　　5W1H分析法是一种思考方法,在企业管理、日常工作生活和学习中得到广泛的应用。5W+1H是对选定的项目、工序或操作,都要从原因(why)、对象(what)、地点(where)、时间(when)、人员(who)、怎么样(how)等六个方面提出问题进行思考,力求把一件事说清楚、说明白。

　　2.思维导图法

　　这种方法可以迅速将某个事件和自己的课题或主题联系起来,在即兴演讲中可多采用这种方法进行思维联想,信手拈来,滔滔不绝。当然,这需要时间来锻炼和积累。在思维导图的训练初级阶段可以大胆地联想,思想有多远就滚多远,拉不回来最好;第二阶段可以开始有选择性的联想,都往自己熟悉的主题上靠拢,不能再信马由缰了;第三阶段能做到收放自如、游刃有余。

　　3.成语连接法

　　可在两人或多人之间进行。方法是,一个人先说出一个成语,下一个人以这个成语最末一个字(或谐音字)为头续上另一个成语,依此类推,接不上便重新开始。

　　4.联结故事法

　　由A先讲故事,讲到一定程度,叫停,B接续讲故事。待B讲到一定程度,再叫停,请C接续。这种练习既生动有趣,又富于刺激性,对提高演讲者的想象能力、快速思考能力、应变能力、表达能力都大有帮助。

四、演讲的注意点

（一）做好心理准备

演讲是一种强烈的精神劳动的产物，因此，它不仅是对演讲者思想、文化、知识、表达能力的考验，也是对演讲者心理和心理素质的严峻考验。良好的心理素质可以帮助演讲者获得演讲的成功，而心理素质差的演讲者也许还没有登场就败下阵来了，因此多上台锻炼，不断地克服心理恐惧感，培养演讲者良好的心理素质，是取得演讲成功的先决条件。

（二）以饱满的热情投入演讲

"生命力、活力、热情"是演讲获得成功的必备条件。演讲的直观性强，演讲者显现的一切听觉形象和视觉形象都是面对面地、近距离地、感性直观化、直接地作用于听众的听视感官。这就要求演讲者的演讲能真正打动听众，使听众为之感动，取得现场效果。要振奋他人先振奋自己，要感动他人先感动自己，只有以饱满的热情投入演讲，将自己完全融化于演讲之中，你的演讲才会震撼人心，听众才会为之动容。

（三）做到"七个有"

言之有物——有知识、有思想、有内容、不空洞，这是根本；言之有序——逻辑清晰、层次分明、重点突出；言之有理——有理有据、观点鲜明、论据翔实、论述清晰；言之有礼——尊重他人、语言行为得体；言之有文——语言生动、富有文采；言之有情——饱含感情、以情动人、以情感人；言之有趣——生动有趣、诙谐幽默、耐人寻味。

学习行动

任务一：为姑奶奶生日做个简短的演讲

假设你参加姑奶奶的80岁大寿生日，在敬酒仪式进行过程中，突然主持人请你讲几句话，你该如何做一个简短的即兴演讲。

任务二：你会介绍自己吗？

学会一种思维方法，做一个2～3分钟的自我介绍。

任务三：你更喜欢哪个人的演讲风格？

下载央视《开讲啦》中的邓亚萍"转型从零开始"和王潮歌"那么我是谁"，对比两位女性演讲的风格,谈谈她们各自的特点。

学习评估

你的演讲能力如何呢?下面就自己测试测试吧!

1. 在演讲过程中,对于态势语言(肢体动作),通常能够做到的是:(　　)
   A.从没想过这些　　　　　　　　B.偶尔做一些动作
   C.经常做但机械呆板　　　　　　D.经常用感觉不错

2. 对于演讲主题和观点你能够做到的是:(　　)
   A.观点模糊　　　　　　　　　　B.有观点,但平淡
   C.观点啰唆,缺少概括性　　　　D.观点高度概括

3. 对于演讲结构设计你能做到的是:(　　)
   A.不知如何设计　　　　　　　　B.结构、层次不清晰
   C.结构有层次,逻辑不严谨　　　D.层次分明,结构严谨

4. 对于演讲的具体内容你能够做到的是:(　　)
   A.内容空洞不具体　　　　　　　B.言之有物,但不够通俗
   C.道理多,故事少　　　　　　　D.内容生动,引发共鸣

5. 从心态来讲,你在演讲时能够做到(　　)
   A.紧张得要命,大脑空白　　　　B.每次都会,但能调整
   C.重要场合才紧张　　　　　　　D.从来不紧张

6. 对于自己的演讲声音,你的评价是:(　　)
   A.声音小没底气　　　　　　　　B.音量可以,但缺少力度
   C.声音大,但不够饱满　　　　　D.声音饱满圆润

7. 对演讲有声语言的总体感觉是:(　　)
   A.声音平淡缺少节奏　　　　　　B.声音过快或过慢
   C.节奏无法与内容匹配　　　　　D.节奏适当表达流畅

8. 对于演讲的控场互动你能做到的是:(　　)
   A.没有概念,不会　　　　　　　B.演讲现场有些散漫
   C.气氛可以,但不会互动　　　　D.能控场,会互动

9. 从场景来说,您的演讲能做到:(　　)
   A.很少考虑场景　　　　　　　　B.想到场景,不清楚要注意哪些
   C.了解具体场景,不知如何结合　D.能够结合场景讲话

10. 从演讲总体效果来讲,你的演讲是:(　　)
    A.演讲不能入情景　　　　　　　B.感情平淡,缺少说服力
    C.有感情少激情　　　　　　　　D.有感情、有激情、感染力强

评分标准:本测试共10道题,每题满分10,测试总分值为100分。每题四个选项对

应的分值分别为:A—2分、B—5分、C—8分、D—10分,所选选项累计即为总分。

延伸思考

一、演练题

【演练1】克服口头禅的演练:有些人在初次上台,甚至是多次上台之后,仍然会使用口头禅,从而影响到演讲的效果,可以采用如下三种的方法进行克服演练。

(1)记住演讲稿,一字不差,形成语言定势;

(2)在语音停顿处用空拍代替口头禅的出现;

(3)用录音机录下演讲内容,反复听,一出现口头禅就给自己一个刺激,让自己对口头禅充满厌恶感。

【演练2】"卡壳"处理的演练:人紧张的时候脑子会空白,什么都想不起来。演讲过程中出现"卡壳"应该怎么办?可以从以下五个方面减少"卡壳"的负面影响,进而引导演讲的继续进行。

(1)假装倒水、喝水;

(2)让听众休息;

(3)把刚才的内容再做重复;

(4)稍作停顿;

(5)提问,并作答。

【演练3】辅助媒体的使用演练:在现代演讲中,要学会使用媒体,如何制作演示媒体、幻灯片演示(PPT),如何正确使用辅助媒体,则是一门专门的技巧。紧扣以下四个方面进行使用演练。

(1)要让所有的观众都能看到,特别是前边两侧和后边的观众;

(2)站立时不要挡住屏幕、白板;

(3)进行演示,要先打出幻灯片再进行演讲;

(4)演讲内容的和媒体展示内容要一致;

(5)写板书时人要站在一边。

【演练4】根据下面的题目与开头,构思脉络,续接演讲的主体部分。

(1)题目《什么是真正的幸福》,开头:

幸福,这是一个美丽而诱人的字眼,它古老而常新,有着无穷的魅力。古生今来,有多少人追求、探索。然而,大千世界,茫茫人海,人们对幸福的理解和追求又不尽相同。

(2)题目《生命之树常青》,开头:

伟大的诗人歌德曾有这样一句著名的诗句:"生命之树常青"。是的,生命是阳光带来的,应该像阳光一样,不要浪费它,让它去照耀人间。

(3)题目《青年与祖国》,开头:

我想提个问题,谁能用一个字来概括青年和祖国的关系呢?我认为这种关系,概括起来,就是一个"根"字。

【演练5】以"我的大学,我的人生设计"为题进行演讲。

二、补充案例(教师可设计问题,供学生学习分析)

【案例1】美国历史上最伟大的总统之一林肯非常重视演讲前的准备。有一次,他接到葛提斯堡国家烈士公墓落成典礼上进行演说的任务,此时他有两周的准备时间。两周时间内,他在穿衣、刮脸、吃点心时都想着怎样演说,演说稿改了两次,他仍不满意。到了正式演讲前一天晚上,他还在做最后的修改,甚至半夜找到他的同僚高声朗诵。走进会场时,他骑在马上仍然把头低到胸前默想着演说词。在林肯上台之前,演讲者埃弗雷特讲了近两个小时,在将近结束时,林肯仍不安地掏出旧式眼镜,又一次看他的讲稿。他的演说开始了,一位记者支上三脚架准备拍摄照片,等一切就绪的时候,林肯已走下讲台。这段演讲只有两分多钟,但掌声却持续了10分钟。后人给予极高评价的那份演说词,在今天被译成中文,也不过不到500字。

【案例2】古希腊演说家德摩斯梯尼对事先演习抱着非常重视的看法。他把自己关在地下室书房长达3个月之久,学习演讲的技巧。为了保证自己不会在达不到目标之前出来,他把自己的头发剃光。等头发长出来,德摩期梯尼走出地下室,成为一个造诣颇深的演讲家。

【案例3】美国某年轻议员在向一位年老而富有经验的议员请教时说:"我在演说之前,心里老扑通扑通地跳,这是否正常?"年老的议员则回答道:"那是因为你对于你要说的话进行着认真的考虑,这是必然的。即使你到了我这个年龄,也难免会出现如此情况。"

【案例4】日本演说艺术界居于首位的"演说名人"德川梦声先生曾经讲过一段话:"上台发表演说之前,无论任何人,都会感到紧张,都无法镇静下来。你也许会问:'唉!像你这样身经百战,见过了大大小小各种场面的职业演说家,还会紧张吗?'像这种问题,我不知被问了多少次了,但是,我可以告诉你们,无论是怎样熟练的老手,也无法完全不紧张,因为,不管演讲或座谈,总是得开口,这就必须认真地去做才行。"

【案例5】弗雷德里克·道格拉斯1854年7月4日在美国纽约州罗彻斯特市举行的国庆大会上发表的《谴责奴隶制的演说》,一开讲就能引发听众的积极思考,把人们带到一个愤怒而深沉的情境中去:"公民们,请恕我问一问,今天为什么邀我在这儿发言?我,或者我所代表的奴隶们,同你们的国庆节有什么相干?《独立宣言》中阐明的政治自由和生来平等的原则难道也普降到我们的头上?因而要我来向国家的祭坛奉献上我们卑微的贡品,承认我们得到并为你们的独立带给我们的恩典而表达虔诚的谢意么?"

【案例6】美国演讲专家理查德即兴演讲的"四部曲"。

即兴演讲通常是在一定的场合下,演讲者事先未做准备,只是根据需要而作的临时发言。因此,即兴演讲在思维的敏捷性、语言的逻辑性和口头表达的雄辩性方面都有更高的要求。如何做好即兴演讲,避免因措手不及而陷入难堪的境地呢?美国演讲专家理查德

总结了一个即兴演讲的"四部曲",这四步是:

1.喂,喂!
2.为什么要浪费这个口舌?
3.举例。
4.怎么办?

第一步"喂,喂!"提示我们必须首先呼唤起听众的兴趣。理查德说:"不要平铺直叙地开始演讲:'今天,我要讲的内容是保障行人生命安全……'你最好这样开头:'在上星期四,特购的450具晶莹闪亮的棺材已运到了我们的城市……'"理查德设计的这一开头语虽然不符合我们中国人的忌讳心理,但它无疑具有一种先声夺人的气势,它能激听众之疑,使他们很想弄清事情的究竟。

"为什么要费这个口舌"是第二步。理查德说,接下去你应向听众讲明为什么应当听你演讲。若谈交通安全问题,可这样讲:"不讲交通安全,那订购的450具棺材也许在等待着我,等待着你,等待着我们的亲人。"理查德所讲述的"为什么"既联系着"我"(演讲者),又联系着"你"(听讲者),还联系着会场外你我有关系的千千万万的"亲人",这就使所有的与会者不知不觉地成了他的"俘虏",在心理上与他产生了共鸣。

紧接着的第三步为"举例"。理查德指出,比如谈交通安全问题,你若用活生生的事例来说明那些会使人们送命的潜在因素,远比只讲那些干巴巴的条文要好得多。事实上,演讲的传播媒介主要是口语,辅之以体态语。与书面语相比,口语和体态语在传达事例方面比传达条文更具有优势。特别是即兴演讲,我们更要注意在这方面扬长避短。

"怎么办"是最后一步。理查德要求演讲者注意的是,这一步一定要告诉听众你谈了老半天是想让人家做些什么,最好能讲得生动一点、具体一点、实际一点。从根本上说,"怎么办"是演讲者的目的所在,如果演讲者忘记了这一步,或者这一步处理不好,就会给听众留下无的放矢或不知所云的感觉。

理查德还认为,"为什么"和"举例"这两部分如同馅饼里的馅,味道全在这里面。但是,这两部分要与引人注意的"喂,喂"和结尾的"怎么办"相呼应。掌握理查德的"四部曲",能使我们在大庭广众之中泰然自若地、有条不紊地陈述自己的观点,而不会陷入张口结舌、东扯西拉的窘境。

参考文献

[1] 史锋 著.《人际沟通与礼仪》.北京师范大学出版社,2014.
[2] 甘永祥 著.《人际沟通心动论》.重庆出版社,2014.
[3] 李元授 著.《人际沟通训练》.华中科技大学出版社,2014.
[4] 职业沟通能力编委会 编.《职业沟通能力训练》.中国书籍出版社,2014.
[5] 谢玉华 主编.《管理沟通》.东北财经大学出版社有限责任公司,2013.
[6] 贺伟、肖丹 主编.《人际沟通》.科学出版社,2013.
[7] 康青 编著.《管理沟通》.中国人民大学出版社,2012.
[8] 余世维 著.《有效沟通》.北京联合出版公司 2012.
[9] (美)戴尔·卡耐基(Carnegie,D.)著,王红星 编译.《卡耐基沟通的艺术与处世智慧》.中国华侨出版社,2012.
[10] 麻友平 编.《人际沟通艺术》.人民邮电出版社,2012.
[11] 武洪明,许湘岳 主编.《职业沟通教程》.人民出版社,2011.
[12] 张昊民 马君 著.《管理沟通》.上海交通大学出版社,2010.
[13] 石海兰 主编.《人际沟通》.科学出版社,2010.
[14] 王国元 主编.《人际沟通》.中央广播电视大学出版社,2010.
[15] (美)刘墉 著.《说话的魅力:刘墉沟通秘笈》.接力出版社,2009.
[16] 金正昆 著.《社交礼仪概论》.北京大学出版社,2006.
[17] 金正昆 著.《社交礼仪》.北京大学出版社,2005.